Im veganen Schlemmerhimmel

Antje Fernengel

Im veganen Schlemmerhimmel

oder wie ich zurück in mein Leben fand

Antje Fernengel

WAGNER VERLAG ®
www.wagner-verlag.de

Ein Buch aus dem WAGNER VERLAG

Korrektorat: Marianne Glaßer
Umschlaggestaltung: Wagner Verlag GmbH
Titelfoto: © Joshua Resnick - Fotolia.com

1. Auflage
ISBN: 978-3-95630-291-6

Bibliografische Information der Deutschen Nationalbibliothek:
Die Deutsche Nationalbibliothek verzeichnet diese Publikation in der
Deutschen Nationalbibliografie; detaillierte bibliografische Daten sind
im Internet über http://dnb.d-nb.de abrufbar.

Die Rechte für die deutsche Ausgabe liegen beim
Wagner Verlag GmbH,
Langgasse 2, D-63571 Gelnhausen.
© 2014, by Wagner Verlag GmbH, Gelnhausen

Schreiben Sie? Wir suchen Autoren, die gelesen werden wollen.

Über dieses Buch können Sie auf unserer Seite
www.wagner-verlag.de mehr erfahren!

www.wagner-verlag.de/presse
www.facebook.com/meinverlag
Neue Bücher kosten überall gleich viel.
Wir verwenden nur FSC-zertifiziertes Papier.

Inhalt

Vorwort

Dieses Buch habe ich nicht ausschließlich für Veganer geschrieben. Sondern auch für Menschen, die eventuell krank sind wie ich und einen Weg suchen sich selbst zu helfen, wie auch für Nicht-Veganer, die mal hineinschnuppern wollen. Denn immer wieder hörte ich den Satz: „Was, du lebst vegan? Was kannst du denn dann überhaupt noch essen?"

Ein Grund mehr für mich, zu Papier zu bringen, welche unglaublich leckeren, vielfältigen Möglichkeiten uns die pflanzliche Ernährung bietet. In meinem Buch befindet sich nur ein Auszug davon. Wer sich für vegane Küche und Lebensweise interessiert, ist, da bin ich sicher, auf dem besten Weg, sich richtig zu entscheiden und sich selbst und den Tieren Gutes zu tun, und das ist mir wiederum eine große Freude!

Zu meinem 50. Geburtstag schenke ich mir nun selbst dieses Buch, auch das hat einen Grund, auch warum ich diesem Buch seinen Titel gewidmet habe, denn

• • •

bevor ich euch mit meinen Rezepten verzaubern möchte, will ich euch einen kleinen Rückblick aus meinem Leben schenken, der euch zeigt, wie und warum ich zur veganen Ernährung gefunden habe.

Als kleines Mädchen wuchs ich in einer Tierarzt-Familie auf. Von da an entwickelte sich meine Empathie für wundervolle Lebewesen aller Art. Mein Opa, der Tierarzt Dr. Fernengel, verschaffte mir die Möglichkeit mit vielen verschiedenen Tierarten in Kontakt zu kommen.

An unser Haus grenzten drei Gärten, die aufgeteilt waren in einen Obstgarten. Unter den Apfelbäumen scharrten fröhlich die Hühner auf ihrem Misthaufen.

Einen Gemüsegarten und einen Blumen-Kräutergarten. Alles, was das damalige Herz beziehungsweise der Magen begehrte, war zu allen Jahreszeiten im Garten oder eingekocht zu finden.

Meine geliebte Oma Fernengel erklärte mir schon in jungen Jahren sehr viel, ließ mich probieren, in die Töpfe schauen, mit schnippeln und schneiden und in der Pfanne rühren.

Auch mein Vater hat mir wohl das Koch-Gen mit in die Wiege gelegt und hat gern in der Küche experimentiert.

Nun darf ich nicht unerwähnt lassen, ja, auch ich habe Fleisch gegessen. Ich wusste es nicht anders. Nicht oft, denn es gab Traditionen in unserer Familie, in der ca. ein- bis zweimal die Woche Fleisch auf den Tisch kam.

Alles wurde immer frisch und mit viel Gemüse zubereitet.

Als ich ca. sieben Jahre jung war, bekam ich in der Schule eine Zeit lang Schulessen. Noch heute beschleicht mich leichter Ekel bei dieser Erinnerung an die widerliche Matsche, die uns täglich aus der Großküche mit einer Kelle auf den Teller gepatscht wurde.

Mit ca. neun Jahren, vielleicht auch eher, beschloss ich (ich hatte immer Hunger, wenn ich nach Hause kam, ich konnte und wollte diesen Fraß nicht zu mir nehmen), dass ich mich fortan selbst bekochen werde.

Da meine Mutter (geschieden) den ganzen Tag arbeitete, zu dieser Zeit lebte ich nicht mehr bei Oma und Opa, sagte ich mir, okay, dann also ran an den Kochlöffel, und ich fing an, mich auszuprobieren.

Erst heimlich, ich wusste ja nicht, ob es mir gelang, doch das tat es sehr schnell. Später kochte ich sehr oft abends für meine Familie ein leckeres Abendessen.

Am Anfang waren es die leichten Gerichte, später dann konnte ich schon in meiner Fantasie schmecken, wie mir etwas gelingen würde, mit den Zutaten, die ich fand.

Es wurde nicht nur zu einem tollen Hobby, welches satt machte, sondern zu einer Leidenschaft und Liebe zum Genuss.

Als ich älter wurde, peinigten leider viele Krankheiten meinen Körper. So z. B. eine starke Skoliose, die wie ein S aussieht, mit Bandscheibenvorfällen und Bandscheiben, die sich neben der Wirbelsäule verkapselt haben, Arthrose, eine Folge dieser Erkrankung, über Gebärmutterhalskrebs, einen leichten Herzfehler bis hin zu nur 50 Prozent Lungenvolumen. Daraus wiederum entwickelte sich eine neue Krankheitsform, Fibromyalgie (Ganzkörper-Muskel-Faser-Schmerz).

Es gab nur noch eins in meinem Leben, starke Schmerzen und körperliches Unbehagen. So nahm ich bis zu sieben Tabletten am Tag, starke Opiate. Dazu kamen Kortisonspritzen. Ich stand völlig neben mir und wurde als chronischer Schmerzpatient eingestuft. Die Medikamente regierten mein Leben. Alles drehte sich um meine Schmerzen und ich hatte Angst, wenn wir mal fortgingen, was ich nur noch sehr selten tat, dass ich meine Tabletten vergessen könnte. Man kann ruhig sagen, ich war auf Drogen.

Bei meiner Ärzteodyssee half mir niemand weiter. Da meine Skoliose nicht zu operieren war, zu gefährlich, ein zu großer Eingriff über die ganze Wirbelsäule, blieben mir außer ein paar Anwendungen nur die Medikamente.

Und egal, zu welchem Arzt ich ging, jeder hatte ein anderes Mittel oder eine andere Spritze parat, mehr jedoch

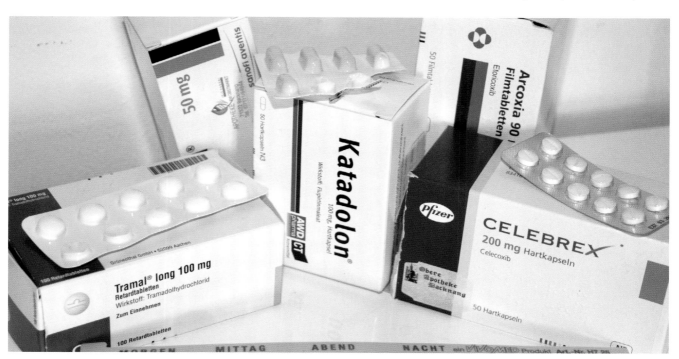

beziehungsweise eine bessere Alternative konnte mir kein Arzt bieten.

Doch ich wollte nicht daran glauben, dass es nichts geben konnte, was mir helfen würde. Dass es nicht auch anders gehen kann.

Über mehr als zweieinhalb Jahre therapierte ich mich selbst. Ich setzte sehr, sehr langsam, Schritt für Schritt meine Medikamente herunter und fing damit an meine Ernährung umzustellen.

Als Erstes mit weniger Milchprodukten und laktosefrei. Dann vegetarisch, da ich merkte, dass bei Fleisch meine Hände, Füße, mein Körper und Gesicht noch mehr Wasser einlagerten, was zu noch mehr Schmerzen führte.

Aber ich spürte, es war nicht genug. Mein Körper sprach mit mir.

Also entschied ich mich für eine komplette Entgiftung.

Mit leichten Getreidesüppchen fing ich an und war überrascht, was der Markt alles so hergab. Als ich dann Gemüse und später Obst hinzufügte, blieb ich bei der veganen Ernährung.

Es tat mir so unglaublich gut und es schmeckte alles so herrlich frisch.

Alles war anders, besser.
Ich war und bin „im veganen Schlemmerhimmel".

Nun entwickelte ich eine noch größere Freude beim Kochen dieser leckeren, bunten, gesunden Welt, auf die ich nie mehr verzichten möchte.

Erneut hörte ich auf meine innere Stimme, auf meinen Bauch, mein Herz und meine Seele.

13

Alle sagten, so ist es richtig, so ist es gut.

Ich fühlte mich wacher, aber was das Beste war, ich hatte viel, viel weniger Schmerzen, nur noch selten Wassereinlagerungen und ich kam von der letzten Tablette weg.

Heute lebe ich ganz ohne Medikamente und bin darüber überglücklich.

Während dieser Zeit ging ich einen schwierigen Weg, mit vielen Höhen, aber auch Tiefen und Tränen, denn auch Entzugserscheinungen durch die sehr starken Medikamente blieben nicht aus.

Hier möchte ich darauf hinweisen, es geht nicht von heute auf morgen und es geht nicht ohne sehr unangenehme Begleiterscheinungen. Ihr braucht dafür einen langen Atem und einen eisernen Willen. Wie bereits geschrieben, ich habe circa zweieinhalb Jahre dafür gebraucht! Falls ihr ähnliche Probleme habt, redet mit dem Arzt eures Vertrauens, einem, der euch wirklich versteht, und unterschätzt die Gefahr dabei bitte nicht!

Alles ist möglich, wenn ihr es wirklich wollt!!!

Während dieser Zeit begleitete mich mein lieber Partner, heute Ehemann. Er ist neben seinem Beruf, man kann schon sagen, Leistungssportler.

Er machte sich oft Sorgen und hatte natürlich auch Bedenken. Aber auch meine Töchter und unsere Tiere, drei Hunde und eine Katze, gaben mir Kraft. Die Tiere suchten immer besonders meine Nähe, wenn es mir nicht gut ging.

Andererseits merkte mein Mann schnell, wie es mich motivierte, und fand es sehr spannend, was sich in der Küche tat und ich uns Neues auf den Teller zauberte. Und auch er stellte nur positive, energiegeladene Veränderungen an sich, seinem Körper fest.

Zeitgleich verlangte meine große Liebe zu den Tieren es von mir, mich intensiver mit der Materie der Fleischindustrie zu befassen. So ergab es sich auch, dass ich Videos schaute, die mir zeigten, dass ich umdenken muss, denn ich erschrak sehr, wie Mast- und Massentierhaltung aussieht, und wie es endet, möchte ich gar nicht in Worte fassen.

Was all den armen Lebewesen angetan wird, trieb mir eisiges Schauern über meinen Rücken, ließ mich nachdenklich und traurig werden.

Mir wurde wieder einmal mehr bewusst, ich gehe diesen Weg nicht mehr zurück, denn ich will nicht mehr dazu beitragen, dass Kälber nach ihren Müttern weinen, die Schweine schreien wie Babys vor Qual, Folter und Leid! Und dies, egal, wohin ich auf dieser Erde schaue, überall Grausamkeit gegen wundervolle Tiere.

So stand mein Entschluss felsenfest und überzeugte mich doppelt.

Das war der beste Weg, den ich für mich und auch für die Tiere gefunden habe, und ich kann abschließend sagen, es macht mich unglaublich glücklich, lebensfroh und gibt mir Kraft und ganz offensichtlich auch noch Gesundheit. Nein, ich bin nicht ganz gesund, ABER

ich fühle mich „fast" so und das ist es, was zählt!

Deshalb möchte ich euch auch an vielen Köstlichkeiten, die der „vegane Schlemmerhimmel" für uns bereit hält und in meiner Küche so hergibt, teilhaben lassen. Und nun:

Experimentiert, schwärmt und genießt!

In meiner Küche bin ich in einer anderen Welt.

Wenn ich den Kühlschrank und eine meiner Schubladen mit Kräutern und Gewürzen öffne, dann kann ich abschalten, und noch viel besser, ich kann bereits riechen und schmecken, was ich kochen werde.

Es passiert, einfach so!

Daher hatte ich anfangs auch keine Rezepte und konnte meinen Töchtern oder Gästen nie die genaue Rezeptur angeben.

Es war eine neue Herausforderung, beim Kochen nicht zu vergessen, für mich und euch alles zu notieren.

Jede Saison bringt uns andere, neue Genüsse. Die Vielfalt ist riesig.

Wenn ihr bereit seid, eure Gefrierfächer zu füllen, könnt ihr zusätzlich fast das ganze Jahr über viele Leckereien genießen.

Freche Früchtchen und junges Gemüse

Am liebsten gehe ich zum Einkaufen auf den Wochenmarkt. Aber auch einige Bauern bieten ihr Obst und Gemüse in ihren Hofgeschäften an. Dort könnt ihr in der Regel viel Abwechslung finden. Sicher befindet sich auch einer in eurer Nähe. Die meisten haben bereits eine Website. Das Schöne daran ist nicht nur zu wissen, woher das Obst und Gemüse kommt, denn viele Bauern geben auch gern bereitwillig Auskunft, wie sie ihr Obst und Gemüse anbauen und ob es eventuell sogar Sorten sind, die dem Urgeschmack, wie wir ihn von früher her kennen, am ähnlichsten sind, weil sie eben nicht genmanipuliert wurden.

Diese Düfte von Obst und Gemüse, die wundervollen Farben, die Frische, das lässt mein Herz höher schlagen und macht gute Laune.

Flüssige Glücksbringer

Der Begriff Smoothies ist aus dem Amerikanischen zu uns über den großen Teich geschwappt und das ist auch gut so. Denn Smoothies gelten als Nahrungsmittelergänzung. Deshalb nennt man sie auch gern Booster. Sie werden immer beliebter und sind sehr gesund. Neben vielen Vitaminen enthalten sie auch Proteine und Mineralstoffe. Meine Glücksbringer sind natürlich kuhfrei ;-)

Es gibt Smoothies mit Früchten, Nüssen, aber auch mit Blattgemüse und Kräutern. Alle sind so megalecker und ersetzen am Morgen auch schnell mal ein Frühstück.

Fruchtgenuss

Zutaten für 2 Personen (3 min)

150 g Erdbeeren
150 g Blaubeeren
150 g Brombeeren
10 bis 15 Blätter Minze
4 Essl. Kokosblütenzucker
5 Mandeln
8 bis 10 Eiswürfel

Früchte waschen. Alle Zutaten in den Standmixer geben, zu einem Früchteshake pürieren. Wahlweise auch mit Himbeeren.

Die Brombeere gehört zu den Kletterpflanzen. Damit die Blüte der Brombeere befruchtet werden kann, bedarf es der Biene, die leider immer mehr den Gefahren der Pestizide, die versprüht werden, ausgesetzt ist. Ätherische Öle, Salicylsäure und viel Vitamin C sind ein Gesundheitsbuster. Die Blätter der Brombeere kann man als Teeaufguss verwenden. Diese wiederum sollen entzündungshemmende Wirkungen haben und z. B. bei Magen-Darmkatarrh, Mandel- und Mundentzündungen helfen. Auch eine schleimlösende Wirkung wird ihnen zugeschrieben.

Grüne Wolke

Zutaten für 2 Personen (6 min)

1 Päckchen Kokoswasser (200 ml)
5 Scheiben grüne Gurke
10 Blätter frischer Spinat
3 Scheiben frischer Ingwer
8-10 Minzblätter
1-1,5 Limette, gepresst
1 flacher Essl. Matcha (von Aiya)
4 Teel. Kokosblütenzucker (oder brauner Rohrzucker)
10 Eiswürfel

Gurke und Spinat gründlich waschen. Alle Zutaten im Mixer zu einem schaumigen, leckeren Drink mixen.

Ingwer kennt man auch unter dem Begriff Ginger. Das wiederum kennen sicher einige von euch als Kaltgetränk. Ingwer wird in der Küche gern als Gewürz, aber auch eingelegt genutzt. Was diese Wurzel jedoch sonst noch alles draufhat, wissen manche vielleicht nicht. Ingwer vermindert (Reise-) Übelkeit, hilft gegen Brechreiz, ist krampflösend, regt den Kreislauf an und wird gern zur Wundbehandlung und auch gegen Entzündungen z. B. der Schleimhäute angewendet. Ihre verdauungsfördernden, angeblich sogar magenstärkenden, appetit- und kreislaufanregenden Stoffe, die durch ihre ätherischen Öle wirken, sowie ihre Inhaltsstoffe Natrium, Calcium, Magnesium, Eisen und Vitamin C, um nur einige zu nennen, machen sie schon zu einer kleinen Wunderwurzel.

Limette küsst Kokos

Zutaten für 2 Personen (ca. 5 min)

1 Dose Kokosmilch, cremig
5 Mandeln
2-3 Limetten je nach Größe
1 flacher Teel. Matcha (von Aiya)
4 Teel. Kokosblütenzucker
10-12 Blätter frische Minze
10 Eiswürfel

Alle Zutaten im Mixer pürieren, bis ein schaumig-cremiger Smoothie entsteht.

Die Limette wird oft für Cocktails wie z. B. Caipirinha, Mojito, Margarita etc. benutzt. Genauso gut lässt sie sich jedoch auch zum Kochen und Backen oder eben für Smoothies verwenden. Ihr Ursprung ist wohl bis nach Südostasien zurückzuführen. Der Saft der Limette soll eine entzündungshemmende und antiseptische Wirkung haben. Limetten enthalten viele Mineralstoffe: Kalzium, Phosphor, Natrium und Eisen, auch Vitamin A und C, jedoch weniger Vitamin C als eine Zitrone.

Himbeer trifft auf Mandel

Zutaten für 2 Personen (ca. 5 min)

ca. 200 g Himbeeren
1 Essl. Gojibeeren
2 Essl. Kokosblütenzucker oder brauner Rohrzucker
250 ml Mandelmilch
6-8 Eiswürfel

Diese wundervolle Kombination mixen, bis euer cremiger Smoothie euch anlacht.

Bereits im Mittelalter, vorwiegend in Klöstern, wurde die Himbeere angebaut. Zu dieser Zeit war sie wohl schon als Heilpflanze bekannt. Ihr Gehalt an Vitamin C und ihre Fruchtsäuren sowie Kalium sollen die Abwehrkräfte und auch die Wundheilung fördern.

Blaubeer-Smoothie

Zutaten für 2 Gläser (ca. 5 min)

100 g Heidelbeeren
4 bis 6 Mandeln
200 ml Sojamilch mit Kalzium (z. B. von alpro)
3 bis 4 Essl. Apfelsüße je nach Geschmack
1 Espressolöffel Matcha (von Aiya)
12 Eiswürfel

Alle Zutaten mit ca. 10-12 Eiswürfeln in einen Mixer geben, auf höchster Stufe zu einem cremigen Smoothie werden lassen ... genießen :-)

Die Heidelbeere, auch Blaubeere genannt, unterstützt den Körper dabei, freie Radikale abzufangen und wohl auch zu neutralisieren. Die Pflanzenstoffe, die den Heidelbeeren die blaue Farbe geben, sind auch in der Kosmetikindustrie mittlerweile sehr beliebt, denn sie können wohl tatsächlich den vorzeitigen Alterungsprozess der Haut bremsen und so vorbeugend wirken. Viel interessanter jedoch finde ich, dass laut einiger Studien Aussagen getroffen wurden, dass sie Krebs vorbeugen kann. Der hohe Anteil an Vitamin C und E stärkt das Immunsystem. Auch Gerb- und Mineralstoffe, die in Heidelbeeren enthalten sind, können wohl z. B. Schleimhautentzündungen schneller abheilen lassen.

Meine Küche

An manchen Tagen hat man wenig Zeit oder gar Lust zu kochen, möchte aber ein feines, leckeres Gericht, das trotzdem Geschmacksexplosionen beschert.

Deshalb habe ich euch vor der ZUTATENLISTE auch eine ZEITANGABE notiert.

So könnt ihr schnelle Gerichte für euch finden.

Fast alle meiner Gerichte sind wandelbar. Ihr könnt z. B. Gerichte verändern, indem ihr euer Lieblingsgemüse dazu wählt. Oder ihr stellt einzelne Komponenten mit anderen Zutaten zusammen. Seid kreativ und probiert euch aus.

In der veganen Küche könnt ihr wunderbar eurer Fantasie freien Raum lassen und dabei so viel Neues entdecken.

Gefüllter Riesen-Erdapfel mit Blumenkohlröschen

Zutaten für 2 Personen (ca. 50 min)

2 Riesenkartoffeln
1 geräucherter Tofu
1 mittelgroße Zwiebel
1 flacher Essl. edelsüßes Paprikapulver

1/2 Essl. Knoblauchpulver oder 1 Zehe
1 Prise Salz und Pfeffer
hocherhitzbares Öl (z. B. von BioPlanete)

Schritt 1
Kartoffeln, die in manchen Gebieten Deutschlands und auch Österreichs noch liebevoll Erdäpfel genannt werden, kochen, bis sie gar sind.
Vorsichtig in zwei Hälften schneiden und ein Teil des Inneren mit einem Löffel ausheben und in kleine Würfel schneiden.

Schritt 2
Räucher-Tofu in eine Schüssel fein reiben. Klein geschnittene Zwiebel, Paprikapulver, Knoblauch und etwas Salz und Pfeffer hinzugeben. Kartoffelwürfel hinzufügen. Die Masse vorsichtig umrühren und in einer erhitzten Pfanne mit Öl (z. B. Reisöl) knusprig braun braten.

Schritt 3
Die Kartoffel mit den gebratenen Zutaten füllen und für ca. 12-15 min in den Backofen geben.
Dazu könnt ihr super Karottengemüse oder Blumenkohlröschen reichen. Auch das Mango-Chutney passt sehr gut zur Kartoffel (siehe Rezept).

Dieses herzhafte Gericht lässt sich gut vorbereiten, wenn Gäste kommen.
Schritt 1 und 2 zur Vorbereitung durchführen, Schritt 3 erst, wenn eure Gäste da sind.

Das Essen sollte zu erst das Auge erfreuen und dann den Magen (Johann Wolfgang von Goethe)

TemPeh-Zucchini

Zutaten für 2 Personen (ca. 30 min)

2 mittelgroße Zucchini
1 mittelgroße Zwiebel
8 Cocktailtomaten
1 TemPeh (z. B. von Nagel natürlich vegan)
2 Teel. Oreganoblätter, frisch gezupft oder getrocknet

1 Teel. Rosmarin, frisch gezupft oder getrocknet
1 flacher Teel. Salz
1 Prise Pfeffer
1 Teel. Paprikapulver, süß
6 Essl. Bratolivenöl (z. B. von BioPlanete)

Schritt 1
Beide Zucchini, ob rund ob länglich, mit einem Löffel von beiden Seiten vorsichtig aushöhlen und das Fruchtfleisch in eine Schüssel geben.

Schritt 2
Zwiebel in kleine Würfel schneiden und mit den Kräutern und Gewürzen zum Fruchtfleisch geben.

Schritt 3
Backofen auf ca. 220 Grad vorheizen.
Vom TemPeh vier Scheiben abschneiden, siehe Foto, den Rest des TemPeh mit den anderen Zutaten zerdrücken und zu einer Masse durchkneten.

Schritt 4
Die Masse in heißem Öl goldbraun braten, die ausgehöhlten Zucchini damit füllen, mit der anderen Hälfte schließen und für ca. 10-12 min in den vorgeheizten Backofen geben.

Schritt 5
Während dieser Zeit die restlichen Scheiben TemPeh im Öl knusprig braun braten und die Tomaten dazugeben, kurz in der Pfanne schwenken. Nun die gebackenen Zucchini mit den Tomaten, TemPeh-Scheiben und z. B. Artischockenherzen auf dem Teller anrichten.

TemPeh ist ein Fermentationsprodukt, welches wie Hefe, durch Beimpfung von Pilzkulturen hergestellt wird. TemPeh ist ernährungspsychologisch sehr wertvoll, denn die Pilzkultur schließt die Proteine der Sojabohne auf und verringert somit Blähungen, die Hülsenfrüchte in der Regel mit sich bringen. Geschmacklich jedoch ist TemPeh eher nussig. 100 g TemPeh enthält bis zu 20 g hochwertiges pflanzliches Eiweiß.

Gebackenes Gemüse mit Tomatenkapernsoße

Zutaten für 2 Personen (ca. 40 min)

1 Aubergine oder 8 Mini-Auberginen
1 Zucchini oder 8 Mini-Zucchini
15 Cocktailtomaten
8 Rosmarinzweige
2-3 Gemüsezwiebeln
1 Glas Kapern

1 Glas passierte Tomaten
1 Zehe Knoblauch
1 Teel. süßes Paprikapulver
Bratolivenöl oder Kokosöl (z. B. von BioPlanete)
1 Tasse Basmatireis

Schritt 1
Reis mit 2 Tassen Wasser und Salz zum Kochen bringen. Nach dem Kochen sofort auf kleinste Stufe stellen und abgedeckt ziehen lassen, bis das Wasser verdunstet und der Reis fertig ist.

Schritt 2
Passierte Tomaten mit Kapern und einer gepressten Knoblauchzehe in einen Topf geben, mit Paprikapulver, Salz und Pfeffer würzen. Wer es scharf mag, kann auch noch etwas Chilipulver dazugeben. Kurz aufkochen, dabei kräftig umrühren, auf kleinster Stufe ca. 10 min abgedeckt köcheln lassen.

Schritt 3
Zucchini, Auberginen in dicke Scheiben schneiden, bei Minigemüse im Ganzen lassen, auf ein Backblech geben. Mit Öl einpinseln, Rosmarinzweige über das Gemüse verteilen. Im vorgeheizten Backofen auf 220 °C max. ca. 10-15 min backen. Dann die Tomaten hinzugeben, nochmals 5 min backen. Im Anschluss salzen und pfeffern.

Prima geht auch Paprika, Mais und Artischockenherzen, aber auch kleine Kartoffeln (vorgekocht), die ihr als Backofengemüse verwenden könnt.

Mangold-Rollen mit feinem Kartoffelpüree

Zutaten für 2 Personen (ca. 50 min)

16 Blätter Mangold (ersatzweise Weißkohl, Wirsingkohl)
2-3 Gemüsezwiebeln
1 geräucherter Tofu (ca. 175 g) oder Nusstofu (z. B. von Nagel)
Kokosöl und Avocadoöl (z. B. von BioPlanete)

ca. 6 große oder 8 mittelgroße Kartoffeln, vorwiegend festkochend
200 ml Sojamilch oder Hafersahne
1 Teel. Kartoffelstärke zum Binden
Muskatnuss, Salz, Pfeffer

Schritt 1
Kartoffeln schälen. Die Mangoldblätter waschen und den Stiel entfernen. Mit Zewa trocken tupfen. Die Gemüsezwiebeln in Ringe, den Tofu in hauchdünne Streifen schneiden.

Schritt 2
Zwiebeln in Kokosöl (ersatzweise Reisöl, hocherhitzbar) knusprig braun braten. Hälfte der gebratenen Zwiebeln im Backofen warm stellen. 4 Mangoldblätter mit gebratenen Zwiebeln belegen, Tofustreifen ebenfalls über den Mangold verteilen, einwickeln. Die gleichen Rollen auf weitere 4 Blätter mit Zwiebeln und Tofustreifen legen und einwickeln (Doppelwickel). Mangoldrollen mit Rouladenklammern oder Garn zusammenhalten.

Schritt 3
Die Kartoffeln im Salzwasser kochen. Zeitgleich den restlichen Mangold in Würfel schneiden. Gemeinsam mit den Mangoldrollen scharf anbraten, mit ca. 250 ml Wasser aufgießen.
Sobald der Mangold eine spinatähnliche Konsistenz erreicht hat, mit Salz und Pfeffer würzen. (Salzt man früher, kann man sich schnell verschätzen.) Nun abgedeckt auf kleiner Stufe ca. 15 min garen.

Schritt 4
Gekochte Kartoffeln durch eine Presse in einen anderen Topf geben (alternativ mit einem Kartoffelstampfer). Mit Muskatnuss kräftig würzen, 3-4 Essl. Avocadoöl (ersatzweise Rapsöl) sowie ca. 200 ml Sojamilch oder Hafersahne unterrühren. Mit Salz abschmecken.

Schritt 5
Zur Soße des Mangold ca. 50-80 ml Sojamilch oder Hafersahne aufgießen, diese vorher mit dem Löffel Kartoffelstärke verrühren. Falls die Soße des Mangold zu sehr eingekocht ist, noch etwas Wasser dazugeben. Die Kartoffelstärke sorgt für eine sämige Bindung. Abschmecken.

Auf einem Teller anrichten, restliche Röstzwiebeln auf das Kartoffelpüree geben.

Bärlauch
...so lecker ist die reine Natur!
QUALITÄTSSIEGEL
100 %
100 g reiner

Kartoffel-Bärlauch-Auflauf mit panierten Austernpilzen

Zutaten für 2 Personen (Vorbereitungszeit ca. 30 min sowie 20 min Backofen)

6-8 mittelgroße Kartoffeln, festkochend
100 ml Hafermilch oder Sojamilch
200 ml Wasser
1/2 Teel. Kräutersalz (z. B. von Schürers Tafelhaus)
1 Prise Pfeffer, etwas frisch geriebene Muskatnuss
1 Essl. Bärlauch, getrocknet (z. B. vom Bärlauchbauern)
oder 5 Blätter frisch gehackter Bärlauch
8-10 große Austernpilze oder 14 kleine

2 Essl. weißes Mandelmus
5 Essl. Wasser
Salz, Pfeffer
Mehl, Paniermehl
Reisöl oder anderes hoch erhitzbares Öl (z. B. von Bio-Planete)
Brokkoli oder Gemüse nach Wahl

Schritt 1
Kartoffeln mit Schale kochen. Hafermilch, Wasser, weißes Mandelmus mit Bärlauch, Salz, Pfeffer und einer Prise Muskatnuss zum Kochen bringen, dabei kräftig mit dem Schneebesen schlagen. ACHTUNG, es kocht sehr schnell über. Sobald die Soße aufgekocht ist, auf kleinster Stufe warm halten.

Schritt 2
2 Essl. Mandelmus (ersatzweise Hafermilch) mit 5 Essl. Wasser, Salz und Pfeffer in einem tiefen Teller verrühren. In einen zweiten und dritten Teller Mehl und Paniermehl geben. Die feuchten Austernpilze am Stiel erst durch das Mehl, dann durch Mandelmus ziehen, zum Schluss in Paniermehl wenden.

Schritt 3
Die gekochten Kartoffeln in Scheiben schneiden und in Schichten in eine Auflaufform legen. Zwischen jede Schicht etwas Bärlauchsoße geben und mit Bärlauchsoße abschließen.
Im vorgeheizten Backofen bei 220 °C ca. 15 bis 20 min backen.

Schritt 4
Wenn Sie Gemüse dazu essen möchten, kochen Sie sich doch jetzt z. B. einen Brokkoli oder nach Wahl.

Schritt 5
Die Austernpilze in heißem Öl (geschmacksneutral und hoch erhitzbar) ausbraten, bis sie braun sind. Zum Gemüse im restlichen Bratöl etwas gepoppten Amaranth goldbraun braten und über das Gemüse geben.

Das Essen auf dem Teller anrichten.

Pflanzliche Öle sind für unseren Organismus sehr wertvoll. Unser Körper braucht Fette, sogenannte Lipide, um richtig arbeiten zu können. Sie liefern ihm Energie und wichtige Fettsäuren, ohne die unser Körper nicht auskommt. Wenn wir Fette aus unserer Nahrung komplett verbannen würden, liefen wir Gefahr, dass unser Nährstoffhaushalt aus dem Gleichgewicht kommt. Natürlich ist zu viel Fett auch nicht gesund. Medizinisch gesehen ist es jedoch sinnvoll, tierische Fette aus unserem Speiseplan zu verbannen, denn sie enthalten viele Transfettsäuren. Diese wiederum können den Cholesterinspiegel erhöhen, sogar zu Herzinfarkten und Schlaganfallrisiko führen. Pflanzliche Öle bei der Zubereitung von Speisen zu wechseln ist sehr sinnvoll, denn die einen sind mehr für Salate und Süßspeisen geeignet, die anderen wieder hoch erhitzbar. Ihre inhaltliche Zusammensetzung ist nicht immer gleich, denn sie haben unterschiedlichste Vitamine. Nicht jedes Öl ist zum Braten verwendbar, denn ab einem Erhitzungsgrad von über 130 °C wandeln sich manche Öle wieder in Transfette um. Deshalb gibt es zu jedem Gericht auch die passenden Öle. Einige davon habe ich euch in meinen Gerichten vorgestellt. Öle enthalten unter anderem gesättigte, einfach ungesättigte, mehrfach ungesättigte und einfach ungesättigte Fettsäuren (Omega 9) sowie Vitamin E, Carotine und Phenole. Die essentiellen Fettsäuren sind für unseren Organismus lebensnotwendig, denn sie können von unserem Körper nicht selbst hergestellt werden. Noch mehr Informationen erhaltet ihr unter meiner Empfehlungsliste.

Paprika-Saitan-Geschmortes an Quinoa-Reisrand

Zutaten für 2 Personen (ca. 30 min)

1 Saitan (z. B. von Nagel natürlich vegan)
1-2 Karotten
1/2 Stange Lauch
2 Paprikaschoten (z. B. in 2 Farben)
1 Essl. süßes Paprikapulver
1 Essl. Knoblauchpulver oder 1 Zehe frischer Knoblauch
1 Teel. getrockneter Oregano

6-8 Essl. Rotwein (z. B. Tempranillo, span. Bio)
1/2 Teel. Reis- oder Kartoffelstärke
250 ml Wasser
Salz, Pfeffer
Öl (z. B. Erdnussöl von BioPlanete)
1 Tasse Duftreis
1/2 Tasse Quinoa

Schritt 1

Gemüse in Würfel schneiden. Im Öl scharf anbraten. Paprika und Knoblauchpulver sowie Salz und Pfeffer hinzugeben (Achtung, vorsichtig salzen, Saitan ist schon gewürzt), Saitan hinzugeben und mit 250 ml Wasser und Rotwein aufgießen. Nun ca. 20 min köcheln lassen.

Schritt 2

Reis und Quinoa mit 3 Tassen Wasser und einer Prise Salz aufkochen. Auf kleiner Stufe ca. 15 min ziehen lassen, bis das Wasser verdunstet ist.

Herzhaft rassig, würzig gut!

Die „andere" gefüllte Paprikaschote

Zutaten für 2 Personen (Vorbereitungszeit ca. 15 min sowie 35 min Backofen)

3 Paprikaschoten, rot oder orange
1/2 VegiBelle Toscana (z. B. von Nagel)
180 g Soja-Hack (z. B. von Provamel)
1 kleine Zwiebel
1 Teel. süßes Paprikapulver
1 Teel. mittelscharfer Senf

1 Essl. Paniermehl
1 Gemüsezwiebel
300 ml pürierte Tomaten
1 Tomaten-Salz (z. B. von Schürers Tafelhaus), Pfeffer
150 ml Wasser
Oregano, frisch ca. 30 Blättchen oder getrocknet 1 Teel.

Schritt 1
Zwei Paprika aushöhlen. Die dritte in kleine Würfel schneiden. VegiBelle in einer Schüssel zerbröseln. Soja-Hack, Paprikapulver, Senf, Paniermehl, Salz, Pfeffer und eine klein geschnittene Zwiebel dazugeben. Gut durchmengen und die Paprikaschoten damit füllen. In der Zwischenzeit den Backofen auf 220 °C vorheizen.

Schritt 2
Passierte Tomaten mit einer gehackten Zwiebel (in der Pfanne vorher goldgelb braten) sowie die klein geschnittene Paprika in eine Auflaufform geben. Ebenfalls mit Salz und Pfeffer und dem Oregano würzen. (Wer es gern etwas schärfer hat, kann noch eine Messerspitze Chilipulver dazugeben.)
Die Soße mit Wasser aufgießen und die Paprika in die Soße setzen.
Nun ab in den Backofen. 20 min schmoren lassen, dann die gefüllte Paprika wenden, evtl. mit etwas Wasser aufgießen, je nachdem, wie die Soße eingekocht ist.

Schritt 3
Während der Garzeit entweder Reis, Kartoffeln oder Nudeln kochen und je nach Belieben dazu reichen.

Die Paprika findet ihren Ursprung in Mittel- und Südamerika. Bereits amerikanische Ureinwohner kannten den Nutzen dieses Gemüses zur Linderung von Zahnschmerzen und Arthrose.
Sie gehört wie die Chilischote zu der Gruppe der Nachtschattengewächse, deren typischer Geschmack auf ihre ätherischen Öle zurückzuführen ist. 100 g rohe Paprika haben nur 28 kcal, dabei aber viel Vitamin C, und Carotine, aber auch Magnesium, Kalium und Calcium. Tatsache ist, dass eine Wirkstoffkombination, die aus der Paprika gewonnen wurde, im bekannten ABC-Pflaster bei rheumatischen Beschwerden eingesetzt wird.

Spinat-Gnocchi an Kohlrabirahm mit panierten Zucchinitalern

Eines meiner Gerichte, die ihr wieder prima zerpflücken könnt. Aus drei mach eins oder variiere. Die Gnocchi schmecken auch prima zu Tomatensoßen oder Bärlauchsoße. Der Kohlrabirahm zum Kartoffelpüree und die Zucchinitaler zu allem, auch zu Salat oder gar pur. Testet es mal, es wird euch begeistern, lasst eure Fantasie spielen.

Spinat-Gnocchi

Zutaten für 2 Personen (Vorbereitungszeit ca. 40 min)

5 mittelgroße festkochende Kartoffeln
4 bis 5 Essl. Kartoffelstärke, Kartoffelmehl
2 Essl. Rapsöl (z. B. von BioPlanete)

50 g Blattspinat, frisch oder tiefgefroren
Salz, Pfeffer

Schritt 1

Kartoffeln mit Schale kochen. Während dieser Zeit den Spinat in nur wenig Wasser kurz garen, Restwasser abgießen, mit Salz und Pfeffer würzen, pürieren.

Schritt 2

Kartoffeln schälen und durch eine Kartoffelpresse geben.
Kartoffelmus mit Spinat, Kartoffelstärke und Rapsöl vermengen. Die Masse darf nicht kleben, sonst noch etwas Kartoffelstärke dazugeben. In Folie einwickeln und im Kühlschrank ruhen lassen. (Gnocchimasse kann man sehr gut vorbereiten, um sie auch am nächsten Tag in kurzer Zeit, ca. 10 min, zuzubereiten.)

Schritt 3

Kartoffelmasse in kleine Rollen formen, dabei mit Stärke bestreuen, damit beim Abschneiden der Stücke diese nicht zusammenkleben. Mit einer Gabel Muster hineindrücken. Die Gnocchi in kochendes Wasser legen. Sobald diese oben schwimmen, mit einem Schaumlöffel herausheben. Wenn ihr Teig übrig haben solltet, könnt ihr diesen auch anders verwenden, siehe Rezept Brokkoliauflauf mit Blini.

Die Zucchini ist eine Unterart des uns bekannten Gemüsekürbis. Im Gegensatz zu den bekannten Kürbisarten wie z. B. Hokkaido ist sie in der Regel ganzjährig in Supermärkten zu finden. Dass sie ein sehr kalorienarmes (sie speichert viel Wasser) und vitaminreiches, leicht verdauliches Gemüse ist, ist nur ein Vorteil dieser schmackhaften Kürbisart. Die Zucchini enthält auf 100 g bis zu 93 % Wasser, sehr wenig Kohlenhydrate, ca. 1,6 g Eiweiß, aber auch Kalium, Kalzium, Phosphor, Natrium und Eisen. Dazu kommen noch die Vitamine A und C.

Ein Gemüse, welches sich so vielseitig in der Garküche, aber auch als Rohkost einsetzen lässt.

Kohlrabirahm

Zutaten für 2 Personen (ca. 15 min)

2 Kohlrabi
Kräutersalz (z. B. von Schürers Tafelhaus)
2 Teel. weißes Mandelmus
1 Teel. Kartoffelstärke

50 ml Hafermilch
Pfeffer, Schwarzkümmel oder Muskatnuss
Wasser

Kohlrabi schälen und in Streifen schneiden. In Salzwasser oder Brühe bissfest kochen. Dabei nur so viel Wasser verwenden, dass der Kohlrabi gerade mit Wasser bedeckt ist. In einem Gefäß Mandelmus, Hafermilch, Pfeffer, Kartoffelstärke vermischen. Langsam unter den Kohlrabi geben. Evtl. noch mit etwas Muskatnuss oder Schwarzkümmel würzen.

Zucchinitaler

Zutaten für 2 Personen (ca. 15-20 min)

1 große Zucchini, alternativ 2 normale
Paniermehl
Mehl (z. B. Weizen- oder Dinkelmehl)

Hafermilch, Wasser
Salz, Pfeffer
Kokosöl (z. B. von BioPlanete)

Zucchini in dicke Scheiben schneiden. Alternativ bei kleinen Zucchini längs in dicke Streifen schneiden. Drei Teller vorbereiten. Teller 1 Mehl, Teller 2 Hafermilch mit wenig Wasser, Salz und Pfeffer mischen, Teller 3 Paniermehl.

Die Zucchinitaler/Streifen erst im Mehl, dann in Hafermilch, zum Schluss in Paniermehl wenden. In heißem Kokosfett von beiden Seiten knusprig braun braten.

Brokkoliauflauf mit Kartoffelblini und Hanfsamen

Zutaten für 2 Personen (ca. 15-20 min)

1 Brokkoli
50 ml Sojasahne oder Hafersahne
Muskatnuss
Salz, Pfeffer
1-2 Teel. Kartoffelstärke

1 Fermate oder Räuchertofu (z. B. von Nagel natürlich vegan)
1 Essl. Hanfsamen
Reste von Gnocchiteig
Öl, hoch erhitzbar (z. B. von BioPlanete)

Schritt 1
Brokkoli bissfest kochen. 250 ml vom Brokkoli-Wasser in einen separaten Topf geben. Brokkoli in eine Auflaufform geben. 50 ml Hafer- oder Sojasahne mit den Gewürzen und der Kartoffelstärke verrühren. Brokkoliwasser zum Kochen bringen und die Sahne unterrühren, so dass sie sämig wird.

Schritt 2
Backofen auf 220 °C vorheizen. Auf den Brokkoli die dünn geschnittenen Fermate- oder Räuchertofuscheiben legen (alternativ mit Soyananda bestreichen). Nun vorsichtig die Brokkolisoße über die Zutaten gießen und im Backofen noch einmal ca. 15 min backen.

Schritt 3
Reste von Gnocchiteig zu einer Rolle formen, in dicke Scheiben schneiden. In Sonnenblumen- oder Kokosöl braun braten.

Schritt 4
Hanfsamen (ersatzweise Sesam) im restlichen Öl goldgelb braten, über Gemüse und Blini geben.

Bis in das 19. Jahrhundert waren Hanfsamen und Hanföl ein sehr geschätztes Lebensmittel. Viele Jahrhunderte wurden diese wertvollen Ölsamen genutzt.

Bei uns jedoch ist Hanfsamen-Öl erst wieder in den letzten Jahren populärer geworden. Und das, obwohl die Hanfsamen die für unseren menschlichen Organismus lebenswichtigen mehrfach ungesättigten Fettsäuren (bis zu 90 %) enthalten. Davon sind ca. 50-70 % Linolsäure und 15-25 % Alphalinolsäure. Diese ausgewogene Fettzusammensetzung macht Hanfsamen-Öl zu einem der wertvollsten Speiseöle. Die Samen kann man perfekt zu jedem Gemüse oder auch zu einer Süßspeise reichen. Aber auch täglich einen Löffel pur genießen, denn die Samen schmecken leicht nussig. Diese kleinen Samen werden auch als „Nüsse" der Hanfnutzpflanze bezeichnet.

Buntes Gemüseallerlei mit Zitronenabrieb

Zutaten für 2 Personen (ca. 25 min)

(Gemüse individuell austauschbar)
10 Cocktailtomaten
1 Karotte oder Mais
1 kleine oder 1/2 mittelgroße Zucchini
1/4 rote und grüne Paprika
10 Champignons in Scheiben oder Brokkoli

1/2 Knoblauchzehe oder 1 Prise Knoblauchpulver
1 Prise Salz
1/2 Teel. rotes süßes Paprikapulver
250 g Vollkornnudeln (ohne Ei)
3 Essl. Kokosnussöl
1 tiefgefrorene Bio-Zitrone

Schritt 1
Das Gemüse in kleine Würfel schneiden, Knoblauch durch Knoblauchpresse geben. Bis auf die Cocktailtomaten alles kurz im heißen Kokosfett in einer großen Pfanne (Wok) anbraten.

Schritt 2
Zeitgleich die Nudeln in Salzwasser bissfest kochen. Den durch eine Knoblauchpresse gedrückten Knoblauch zum Gemüse hinzufügen sowie die Tomaten im Ganzen vorsichtig mit untermischen.

Schritt 3
Nun die Nudeln zum Gemüse geben. Mit einer Prise Salz je nach Geschmack und mit dem Teel. Paprikapulver würzen und gut untermischen.

Schritt 4
Mit einer feinen Reibe die gefrorene Zitrone über das Gericht reiben.

Wusstet ihr schon, dass die Zitrone einen zu hohen Blutdruck reguliert? Sie kann sowohl als Antidepressivum einsetzbar sein als auch Stress und nervöse Störungen bekämpfen.

Aber auch als antimikrobielles Spektrum gegen bakterielle Infektionen soll sie hervorragend geeignet sein. Ganz spannend finde ich, dass man herausgefunden hat, dass sie Krebszellen zerstören soll.

Die Bio-Zitrone gründlich waschen, teilen, einfrieren. Jetzt könnt ihr jederzeit die Frucht auf eure verschiedensten Gerichte reiben. Danach einfach zurück ins Gefrierfach.

Nusstofunest an buntem Blumenkohl mit Chili-Kartoffeln

Zutaten für 2 Personen (ca. 25 min)

1 mittelgroßer Blumenkohl oder zwei kleine
6 mittelgroße festkochende Kartoffeln
1 Nusstofu (z. B. von Nagel)
Sprossen

Sojasoße, weizenfrei
1/2 Essl. Hanfsamen
Sonnenblumenöl
Chilisalz und Kräutersalz (z. B. von Schürers Tafelhaus)

Schritt 1

Kartoffeln waschen und mit Schale kochen. Blumenkohl in kleine Röschen teilen. Mit Salz bestreuen und im Dampfgarer bissfest bzw. nicht zu weich garen.

Schritt 2

Gekochte Kartoffeln halbieren und in Sonnenblumenöl mit Schale von beiden Seiten kross anbraten. In einer anderen Pfanne in Würfel geschnittenen Nusstofu scharf in hoch erhitzbarem Öl braten.

Schritt 3

Auf einem Teller die Sprossen anrichten, den gebratenen Tofu platzieren. Das Öl vom gebratenen Tofu mit Sojasoße verlängern, kurz erhitzen und über den Tofu geben.

Gebratene Kartoffeln mit Chilisalz bestreuen. Alternativ auch Kräutersalz oder beides. Hanfsamen auf die gegarten Blumenkohlröschen geben.

Zu viel des Guten kann so wunderbar sein.

Die „vegane" Welt kann so herrlich bunt und gesund sein.

In meinem Rezept habe ich in Deutschland sehr selten anzutreffenden gelbgrünen und violetten Blumenkohl gewählt, der sich beim Garen auch blau verfärben kann. In meinem Fall bekam ich ihn vom Feld von „Schürers Tafelhaus". In Italien sind diese Sorten sehr beliebt und auch gängig. Im gelbgrünen Blumenkohl sind zusätzlich noch wertvolle Carotine enthalten. Im violett-blauen der gesundheitlich wertvolle Farbstoff Anthociane. Diese binden im Körper freie Radikale und schützen somit die DNA und auch Lipide. Des Weiteren sagt man, dass sie entzündungshemmend und gefäßschützend sind. Damit diese Stoffe nicht verloren gehen, ist es sinnvoll, den Blumenkohl im Dampfgarer zuzubereiten.

Dass Blumenkohl ein beliebtes und bekanntes Gemüse ist, brauche ich eigentlich nicht zu erwähnen, doch ist es auch sehr bekömmlich und sehr gesund. Neben einem hohen Gehalt an Vitamin C, bis zu 100 mg auf 200 g, hat er viele wichtige Mineralstoffe wie Phosphor, Kalium, Magnesium, Natrium und Eisen, aber auch Calcium. Hinzu kommen wertvolle Spurenelemente wie Zink, Kupfer, Jod und Fluor.

Sein Duft und der zarte, angenehme Geschmack stammen von aromatischen Substanzen, die zu den wertvollen sekundären Pflanzenstoffen zählen. Diese sogenannten Glucosinolate hemmen wohl auch das Wachstum von Bakterien und es wird daran geforscht, dass sie auch hormonabhängige Krebsarten wie Brustkrebs bekämpfen können. Dass sie dabei auch noch entgiftend auf unseren Körper wirken, ist ein zusätzlich angenehmer Nebeneffekt. Blumenkohl ist regional und saisonal in der Regel von April bis November erhältlich.

Lauch-Kartoffel-Schmankerl

Zutaten für 2 Personen (30 min)

2 Riesenkartoffeln (festkochend)
2 Stangen Lauch (auch als Porree bekannt)
100 ml Hafersahne
1 Teel. gekörnte Gemüsebrühe (z. B. von Rapunzel)

1 Teel. Kartoffelstärke
Muskatnuss
Pfeffer
200 ml Wasser

Schritt 1
Die Kartoffeln mit Schale kochen. Zeitgleich Lauch (Porree) waschen, die zu festen Außenblätter entfernen. Nun in Scheiben schneiden. In einem Topf mit 200 ml Wasser und 1 Teel. gekörnter Brühe aufkochen und weitere 10 min auf kleiner Stufe köcheln lassen, dabei umrühren.

Schritt 2
Die Hafersahne mit Muskatnuss, etwas Pfeffer (je nach Belieben) und der Kartoffelstärke mixen. Unter den kochenden Lauch mischen. Sobald die Bindung eine sämig-sahnige Konsistenz erreicht hat, ausstellen.

Auf den halbierten Kartoffeln anrichten.

Jeder hat ja so seine Lieblingsgerichte. Von diesem hier schwärmt mein Mann immer wieder. Aber eigentlich ist es ja anders. Jeden Tag, wenn ich für uns koche, sagt er, wow, das war jetzt das Beste, und am nächsten Tag sagt er es wieder. Größere Komplimente kann man sich wirklich nicht wünschen. Mein Lauch-Kartoffel-Schmankerl ist ein Klassiker, den ich schon seit meiner Jugend so koche, und ich bin mir sicher, auch ihr werdet diesen Leckerbissen lieben. Zudem geht er einfach und schnell und ist auch noch günstig

Mandelrisotto mit Blattspinat an Muskatnusscreme

Zutaten für 2 Personen (40 min)

250 g frischer Blattspinat (alternativ tiefgefroren)
2 Stangen Lauchzwiebeln
1 Tasse Risottoreis
5 Essl. Mandelblätter
1 Teel. gekörnte Bio-Gemüsebrühe, 1 Teel. Öl
Salz und Pfeffer, 1 Essl. Mandelmus
Salat Crispy

Für die Soße:
200 ml Mineralwasser mit Kohlensäure
4 Essl. Soya Cuisine (Sojasahne)
3,5 Essl. Mandelmus
Muskatnuss (möglichst Nuss zum Reiben)
1 Prise Salz
Pfeffer

Schritt 1
Risotto mit 2 Tassen Wasser und der gekörnten Brühe zum Kochen bringen. Kurz umrühren und auf kleinster Stufe ziehen lassen, bis die Brühe fast weg ist. Zeitgleich den Spinat putzen, die großen Stiele entfernen und mit wenig Wasser zum Kochen bringen, ca. 10 min ziehen lassen.

Schritt 2
Das Grün der Lauchzwiebeln in hauchdünne Scheiben schneiden und mit etwas Öl (z. B. von BioPlanete) in einer Pfanne glasig braten.

Schritt 4
Die Mandelblättchen in einer Pfanne goldgelb rösten.

Schritt 5
Mandelmus sowie die Mandeln unter den fertigen Risottoreis unterheben. Einige Mandeln zur Dekoration aufheben.

Schritt 6
Wasser vom Spinat abgießen, mit Salz, Pfeffer und etwas Muskatnuss würzen, die Lauchzwiebeln untermischen.

Schritt 7
In einem Topf das Mineralwasser mit der Sojasahne, dem Mandelmus und einer Prise Salz zum Kochen bringen. Dabei kräftig mit dem Schneebesen aufschlagen. Frisch geriebene Muskatnuss dazugeben. Hier bitte nicht sparen, damit die Soße ihren besonders würzigen Geschmack erhält. Nochmals aufschlagen.

Alles auf einem Teller anrichten, den Spinat dabei durch die Soße ziehen. Auf dem Risotto den Salat und die restlichen Mandeln dekorieren.

Bärlauchrisotto

Zutaten für 2 Personen (30 min)

1,5 Tassen Risottoreis (dazu die dreifache Menge
Wasser)
1 Glas Bärlauchpesto (siehe Rezept Bärlauchpesto)

4 Essl. Rapsöl
Salz
Blattsalate und Kresse nach Wahl

Schritt 1
Gebt das Öl in einen geeigneten Topf, in dem ihr euren Reis kochen wollen. Den Reis hinzufügen und mit dem Öl kurz erhitzen, dabei kräftig umrühren. Sobald der Reis ein wenig angeröstet ist, sofort das Wasser hinzufügen und aufkochen lassen. Nun den Reis auf sehr kleiner Stufe ziehen lassen, bis das Wasser FAST verdunstet ist. Stellt euch eine Uhr, damit ihr den Reis nicht vergesst.

Schritt 2
Nach ca. 25-30 min den Reis durchrühren und das Pesto unterziehen.
Mit Salz abschmecken. Wer es liebt, kann auch noch einen Schuss milden Weißwein hinzufügen.

Schritt 3
Nun das Risotto auf Salatblättern anrichten und mit Kresse dekorieren. Ein herzhaftes Gericht, welches sich (fast) von allein zubereitet :-)

Eine gute Küche ist das Fundament allen Glücks (G.A. Escoffier)

Kommt, lasst uns in die Pilze gehen!

Ja, ich gebe zu, Pilze gehören mit zu meinen Favoriten in der Küche. Schon als kleines Mädchen bin ich mit Oma und Opa durch die Wälder gelaufen und habe gelernt giftige von essbaren zu unterscheiden. Dieser Duft, diese samtige Zartheit. Wir nannten es auch „das Fleisch des Waldes".

Falls ihr im Pilzesammeln keine Erfahrung habt, lasst euch bitte beraten.

Heute bekommt man ja viele Sorten zur Saison auf den Märkten und auch da sage ich nicht nein zu Pfifferlingen, Steinpilzen & Co.

(Auch tiefgefrorene Pilze lassen sich übrigens prima verwenden.)

Kulinarischer Leckerbissen mit Pfifferlingen

Zutaten für 2 Personen (max. 45 min)

1 VegiBelle (z. B. von Nagel natürlich vegan)
1 Päckchen Hafersahne (z. B. von Oatly)
Salz, Pfeffer, Muskatnuss
Amaranth und Quinoa sowie Paniermehl
1 Bund Black-Rice-Nudeln oder andere Reisnudeln

250 g Pfifferlinge
1 kleine rote Zwiebel
Petersilie
1 P. Blattspinat, frisch oder tiefgefroren (200 g)
Bio-Kokosöl (z. B. von Bio Planete)

Schritt 1
VegiBelle in vier Streifen schneiden. 1/2 Päckchen Hafersahne in einen tiefen Teller gießen und mit Salz und Pfeffer würzen. Im zweiten Teller Amaranth, Qinoa und das Paniermehl zu gleichen Teilen mixen. Nun die Streifen VegiBelle panieren.

Schritt 2
Spinat mit etwas Wasser auftauen bzw. kochen. Salz, Pfeffer und geriebene Muskatnuss dazugeben. Nun noch etwas von der Hafersahne dazufügen. Abschmecken, warm stellen.

Schritt 3
Zwiebel schälen und in kleine Würfel schneiden. Pfifferlinge putzen und beides in einer Pfanne mit Kokosöl scharf anbraten, dann auf kleiner Stufe weiterbraten. Mit Salz, Pfeffer und klein gehackter Petersilie abschmecken. Zeitgleich Wasser für die Nudeln aufsetzen.

Schritt 4
Nun die VegiBelle in einer kleinen Pfanne in heißem Fett von beiden Seiten scharf anbraten.
Die Nudeln in Salzwasser aufkochen, 4 min ziehen lassen.
Den Rest der Panade aus Amaranth und Quinoa kann man übrigens prima als zusätzliches Schmankerl kurz in heißem Öl goldbraun anrösten und zu den Pilzen reichen.

Diese schmackhafte Mahlzeit hat nur wenig Kohlenhydrate, dafür viel Eisen und auch viel Eiweiß. Auf 100 g Vegi-Belle kommen 10,4 g pflanzliches, gesundes Eiweiß. Pfifferlinge z. B. schenken uns laut Nährwertrechner auf 100 g bis zu 2 g Eiweiß, Steinpilze sogar noch mehr. Sie enthalten wohl auch viele B-Vitamine sowie das Vitamin A. Es wird ihnen auch ein hoher Anteil an Kalium, Magnesium und Zink sowie Eisen zugeschrieben.

Pilzpfanne

Zutaten für 2 Personen (max. 45 min)

250 g Pfifferlinge
100 g Schneepilze
150 g Buchenpilze, weiß
150 g Buchenpilze, braun
100 g Steinpilze
1 Tasse Basmati-Reis

2 Stangen Lauchzwiebeln
1 Avocado
Rapsöl (z. B. BioPlanete)
Abrieb von einer Bio-Zitrone, gefroren
Wildkräutergewürz (z. B. von Schürers Tafelhaus)
Salz, Pfeffer

Schritt 1
Die Pfifferlinge putzen. Lauchzwiebeln in Scheiben schneiden. Alle Pilze mit den Zwiebeln in einer großen Pfanne anbraten. Nachdem sie ihre Größe reduziert haben, nur mit Salz und Pfeffer abschmecken. Falls es schon sehr einreduziert ist, noch etwas Wasser hinzufügen, damit ihr etwas Soße habt.

Schritt 2
Reis mit doppelter Menge Wasser und einer Prise Salz aufkochen und dann abgedeckt auf kleiner Stufe ziehen lassen, bis das Wasser verdunstet ist.

Schritt 3
Die Avocado als Beilage in Scheiben schneiden und auf dem Teller anrichten.
Mit Wildkräutersalz und Abrieb der Zitrone würzen.

In den Monaten Juli bis Oktober werden uns verschiedenste Sorten von Pilzen angeboten. Neben den bekannten wie Champignons (ganzjährig), Steinpilze und Pfifferlinge koche ich bei diesem Gericht unter anderem mit weißen und braunen Buchenpilzen sowie Schneepilzen.
Diese Pilze sind in gut sortierten Supermärkten erhältlich.

Steinpilze im Nudelnest

Zutaten für 2 Personen (max. 25 min)

500 g Steinpilze
1 Stange Lauchzwiebel
Salz, Pfeffer

4 Nester Tagliolini aus Hartweizengrieß
(alternativ feine Spagetti)

Schritt 1
Die Steinpilze putzen, den Kopf des Pilzes mit einem Zewa abreiben. Dann in Scheiben schneiden.

Schritt 2
Lauchzwiebel in feine Ringe schneiden. Beides in einer Pfanne mit heißem Öl (z. B. Reisöl, geschmacksneutral) braten.

Schritt 3
Nudelnester in kochendem Salzwasser vorsichtig köcheln lassen, bis sie al dente sind. Währenddessen die gegarten Steinpilze mit Salz und Pfeffer würzen und mit etwas Wasser aufgießen, um eine kleine Soße zu erzielen. Dazu feiner Fenchel-Gurkensalat (siehe Rezept Salate).

Diese schmackhafte Delikatesse des Waldes ist natürlich auf dem Markt nicht ganz billig. Man kann aber auch gut auf tiefgefrorene Steinpilze zurückgreifen.

Ihr wundervolles Eigenaroma bedarf auch nicht vieler zusätzlicher Gewürze. Ein edles Gericht, welches sich schnell und ohne großen Aufwand zubereiten lässt.

Gefüllte Riesenchampignons mit Rosmarin-Kartöffelchen

Zutaten für 2 Personen (max. 30 min)

4 Riesen-Champignons
1 mittelgroße Zwiebel
1/2 VegiBelle
1 Teel. süßes Paprikapulver
1 Essl. getrockneter Majoran
Kräuter- und Chilisalz (z. B. von Schürers Tafelhaus)

Pfeffer (am besten aus der Mühle)
8 junge, kleine Kartoffeln, festkochend
4 große oder 8 kleine Zweige Rosmarin
8 Essl. Bio-Bratolivenöl (z. B. von Bio Planete)
6 bis 8 Pimentos (kleine Mini-Bratpaprika)
(Champignonsoße, siehe extra Rezept)

Schritt 1
Aus den Riesenchampignons die Stiele sowie die Haut des Hutes vorsichtig entfernen. VegiBelle, die Zwiebel, die Stiele der Champignons durch eine Küchenreibe geben.

Schritt 2
Nun das Paprikapulver, den Majoran dazugeben, mit Kräutersalz und Pfeffer würzen und gut vermengen, abschmecken nicht vergessen. Jeder hat ein anderes Verhältnis zu Salz und Pfeffer.

Nun die Masse in die Köpfe der Riesenchampignons geben.

Schritt 3
Die Kartoffeln bis zum Garpunkt kochen. Kartoffeln fast halbieren und den Thymian dazwischenschieben. In einer Pfanne mit 4 bis 6 Essl. Öl von beiden Seiten vorsichtig anbraten.

Schritt 4
Die Champignonköpfe in 2 bis 3 Essl. Öl erst von der gefüllten Seite anbraten, kurz abkühlen lassen, damit die Masse nicht kleben bleibt, dann wenden und von der anderen Seite braten.

Schritt 5
Die fertigen Kartoffeln aus der Pfanne auf dem Teller anrichten und im restlichen heißen Öl die Pimentos schwenken, im Abschluss mit Chilisalz würzen.

Die Königin der Kochrezepte ist die Fantasie.

Champignoncremesoße

Zutaten für 2 Personen (max. 10 min)

8 bis 10 Champignons
1 Teel. Gemüsebrühe (hefefrei) sowie Pfeffer
1/2 P. Hafersahne (z. B. Hafercuisine von Oatly)
2 Zweige Petersilie, glatt

Schritt 1
Die Champignons in dünne Scheiben schneiden, Petersilie klein schneiden. Champignons in einen Topf geben. Hafersahne und gekörnte Gemüsebrühe hinzufügen.

Schritt 2
Aufkochen, dabei vorsichtig umrühren. Mit Pfeffer und gehackter Petersilie würzen. Diese Soße kann zu beliebig vielen Gerichten gegeben werden.

Asiatische Nudelpfanne mit schwarzen Reisnudeln und geräuchertem TemPeh

Zutaten für 2 Personen (max. 10 min)

schwarze Reisnudeln (siehe Rezept Leckerbissen mit Pfifferlingen)
1 geräucherter TemPeh (z. B. von Nagel)
1 kleiner Chinakohl
1 kleine Zucchini
1 Paprika
Mu-Err-Pilze, getrocknet

1 Stange Lauchzwiebel
Sojasprossen
1-2 Zehen Knoblauch
mildes Chili-Gewürz (z. B. von Schürers Tafelhaus)
Sojasoße (weizenfrei)
Kokosöl, alternativ Reisöl (hoch erhitzbar)

Schritt 1
Gemüse in Streifen schneiden. Knoblauch pressen. Mu-Err-Pilze in heißem Wasser einlegen, klein schneiden. Geräucherten TemPeh in dicke Scheiben schneiden, braun braten, im Backofen warm stellen.

Schritt 2
Nudeln garen. Kokosöl in Wokpfanne erhitzen. Knoblauch kurz anbraten, das Gemüse (außer Chinakohl und Sprossen) braten. Sojasoße und Chiligewürz dazugeben. Nun Chinakohl und Sprossen untermischen. Auf den Nudeln anrichten.

Chutney

Ist euch auch schon aufgefallen, dass es unter den veganen Lebensmitteln viele Fakegerichte gibt? Da gibt es Namen wie „Fleischsalat vom Tofutier" oder ein „veganes Cordonbleu"; bis hin zur veganen Currywurst ist alles dabei.

Ganz ehrlich, damit kann ich mich nicht identifizieren, und falls ihr das in meinem Buch vermisst, sorry. Mich erinnern diese Namen dann doch zu sehr an die Fleischindustrie und haben am Ende einen ganz anderen, manches Mal auch sehr seltsamen, trockenen oder fettigen Geschmack. Von frischen, natürlichen Aromen kann dabei wohl eher selten bzw. weniger die Rede sein, denn leider werden für manche dieser „Ersatzprodukte" Mononatriumglutamat bzw. Glutamat und andere künstliche Aromastoffe verwendet, die wiederum gar nicht gesund sind. Für mich ist es wichtig, dass die Aromen der Zutaten zur Geltung kommen und nicht von künstlichen überdeckt werden. Warum sollte ich einen Hamburger kreieren, der nicht wie ein Hamburger schmeckt und auch noch durch seinen Namen an ein getötetes Rind erinnert?

Vielleicht kann ich euch aber anstecken mit ein paar leckeren selbstgemachten Soßen oder Aufstrichen, die ihr sehr vielseitig einsetzen könnt und die euch neue Geschmacksexplosionen bescheren.

Leckeres Chutney, das den Gaumen kitzelt, Brotaufstriche, die es in sich haben, und Pestos, die Reis, Kartoffeln und Nudeln lieben.

Meine Brotaufstriche und Pestos friere ich im Übrigen nach der Zubereitung ein. So bleiben sie frisch und schmecken wie am ersten Tag. Einkochen war gestern.

Mango-Ingwer-Chili-Chutney mit Safranblüten

Zutaten für 4 Gläser (Zubereitungszeit ca. 35-40 min)

1,5 Mango
1/2 rote Chilischote, entkernt
1 walnussgroßes Stück Ingwer
1/2 Gemüsezwiebel (mild)

3 Msp. Zimt
4 Msp. Salz
1 Essl. Safranblüten
5 Essl. Aprikosen-Essig (z. B. von Alte Brennerei)

Chilischote, Ingwer und Gemüsezwiebel in sehr kleine Würfelchen schneiden. Mango dagegen in größere. Mit ca. 6 Essl. Wasser alle Zutaten incl. Gewürzen in einen Topf geben. Aufkochen lassen, dabei kräftig umrühren. Auf kleinster Stufe 15-20 min einkochen lassen. Immer wieder umrühren. In sterile (ausgekochte) Gläser abfüllen und sofort fest verschließen. Sobald das Chutney Kühlschranktemperatur hat, könnt ihr es genießen.

Einer der Lieblinge meiner Familie. Dieser Geschmack von zarter Süße und leichter Schärfe, gemixt mit exotischen Komponenten, wird sicher eure Sinne betören.

Kein Genuss ist vorübergehend, denn der Eindruck, den er hinterlässt, ist bleibend. (J. W. Goethe)

Feine Olivencreme als Brotaufstrich

Zutaten für 4 Gläser (Zubereitungszeit 10 min)

12 Essl. Rapsöl (z. B. von BioPlanete)
2 Gläser schwarze Oliven ohne Kern
(Abtropfgewicht von 2 Gläsern 270 g)
150 g Cashewkerne

1 rote Chilischote, entkernt (alternativ Chiliflocken)
1 Essl. getrockneter Bärlauch (z. B. vom Bärlauchbauern)
ersatzweise Petersilie
1 bis 2 Espressolöffel Salz (je nach Geschmack)

Alle Zutaten so lang pürieren, bis eine cremige Masse entsteht. In die Gläser abfüllen. Die übrigen Gläser einfach einfrieren und vor Gebrauch auftauen.

Gern bereise ich Italien oder Spanien und freue ich mich jedes Mal auf die guten Oliven. Wusstet ihr, dass die grüne Steinfrucht die unreife, die schwarze dagegen die reife Frucht ist? Probiert sie doch auch mal anders. Dieser feinen Creme möchten Olivenliebhaber nicht widerstehen. Auch ein Gedicht auf Pellkartoffeln. Ein Hauch von Chili gibt diesem Brotaufstrich noch einen extra Kick. Viel günstiger als Kaufen und geschmacklich verspreche ich euch das auch.

Und das Tolle daran, sie ist ganz schnell fertig.

Der Bärlauchbauer

Bärlauch – so lecker
ist die reine Natur!

Frohsinn und Heiterkeit

würzt jede Mahlzeit

Bärlauch wird auch gern Knoblauch des Waldes genannt. Viele Jahre ist er in Vergessenheit geraten, aber in den letzten Jahren wieder populärer geworden. Im Frühjahr zwischen März bis Mai findet ihr ihn in unseren Wäldern. Man sagt auch, wo Bärlauch wächst, ist der Wald noch gesund. Allein der Duft dieser Gewürzpflanze lässt mich bereits beim Pflücken gedanklich tolle Gerichte kreieren. Bärlauch hat viele Vorteile, nicht nur, dass man nach seinem Genuss, der durchaus ähnlich wie Knoblauch schmeckt, nicht die typischen Knoblauchausdünstungen hat, er ist zudem noch sehr gesund.

Beliebt ist er auch bei den Kennern als Heilmittelpflanze, denn die vielen ätherischen Öle wirken sich positiv auf Magen, Darm, Galle und Leber aus, regen den Stoffwechsel an und wirken sich wohl auch positiv auf den Cholesterinspiegel aus.

Da es ihn leider nicht das ganze Jahr über zu ernten und kaufen gibt, habe ich eine tolle Quelle für euch aufgetan.

„Der Bärlauchbauer", der seinen Bärlauch nach einem speziellen Verfahren trocknet und ihn so für uns bis zu zwei Jahren haltbar macht. Ihr findet ihn mit noch anderen Infos unter meinen Produktempfehlungen.

Bärlauchpesto

für 4 Gläser (Zubereitungszeit 20 min)

30 bis 40 Blätter Bärlauch
250 g ungesalzene Cashewkerne
150 ml Reisöl (oder anderes geschmacksneutrales Öl)
Salz

Blätter waschen und Stiele entfernen.

Cashewkerne und Bärlauch mit einem Zauberstab oder einer Moulinette zerkleinern, bis man eine feine Masse erhält. Nun das Öl untermischen. Mit Salz kräftig abschmecken. Die Masse noch einmal gut durchrühren. In Gläser füllen und mit Öl abschließend begießen. Danach verschließen, mindestens einen Tag ziehen lassen. Die anderen Gläser einfrieren. So behält das Pesto nach dem Auftauen sein volles Aroma, wie frisch zubereitet.

Bärlauchpesto eignet sich hervorragend für Risotto und Nudeln, aber auch in cremigen Soßen, die man zum Überbacken verwenden kann, oder auch als Aufstrich auf Toast.

Creme in Pink — Rote Beete

Zutaten für 4 Gläser (Zubereitungszeit 1 h)

3 mittelgroße rote Beete
200 g Cashewkerne
100 ml Rapsöl (z. B. von BioPlanete)
3 Essl. Zitronensaft

2 Essl. Mandelmus
Pfeffer aus der Mühle, Salz

Schritt 1

Die rote Beete waschen und in Salzwasser mit etwas Zitronensaft gar kochen.

Schritt 2

Rote Beete schälen, mit allen Zutaten in die Moulinette geben und zu einer cremigen Konsistenz mixen. Nun mit Salz und Pfeffer noch einmal kräftig würzen, nochmals durchrühren, abschmecken, fertig. Kühl stellen und/oder einfrieren.

TIPP: Zieht euch Handschuhe an (Einmalhandschuhe). Man kann sich sehr schnell die Kleidung verfärben und auch die Hände werden pink.

Und wieder strotzt ein Gemüse nur so von Vitaminen, die „Rote Beete".

Sie fand ihren Ursprung im Mittelmeerraum und kam über Italien zu uns nach Deutschland. Hier gilt sie als typisches Wintergemüse, und das, obwohl sie zwischen Juli und August erntereif ist. Man sagt ihr einen hohen Vitamin-B-, Eisen-, Kalium- und Folsäuregehalt nach. Meist wird sie als Salatbeilage gereicht. Aber auch sehr lecker als Gemüse. Als Brotaufstrich habe ich sie schon entdeckt, jedoch immer mit Meerrettich.

Hier nun meine eigene, etwas mildere Version, die durch Pfeffer oder Chili aufgepimpt werden kann.

Herzhaftes Kichererbsenmus

Zutaten für 4 Gläser (Zubereitungszeit 10 min)

Kichererbsen (Abtropfgewicht 500 g)
2 Zehen Knoblauch
1 P. VegiBelle Toscana
1 Teel. Salz
2 Teel. Bärlauch (z. B. vom Bärlauchbauern)

1 Teel. Curry
1 Teel. süßer Paprika
1/2 Teel. Chiliflocken (z. B. von Schürers Tafelhaus)
5 Essl. Rapsöl (z. B. von BioPlanete)

Kichererbsen, VegiBelle und Knoblauch fein pürieren. Alle Gewürze, Öl hinzufügen. Noch einmal alles durchrühren, so dass eine feine Creme entsteht.

Auf Weiß- und Schwarzbrot ein Genuss. Super auch im Fladenbrot oder im Wrap (siehe Rezept).

Wenn ihr getrocknete Kichererbsen verwendet, solltet ihr ca. 250 g getrocknete über Nacht einlegen und das Wasser am nächsten Tag abgießen! Dann noch ca. bis zu 2 Stunden kochen, bevor ihr sie verarbeiten könnt. Alternativ eignen sich hervorragend Kichererbsen aus der Dose, aber Achtung, es gibt große Qualitätsunterschiede. Nehmt nicht unbedingt die billigsten.

Kichererbsen enthalten auf 100 g rund 20 % Eiweiß. Auch ihr hoher Anteil an Lysin (essentielle Aminosäuren) macht diese kleine Hülsenfrucht so interessant. Magnesium, Eisen, Zink stecken auch in ihr. Mit etwa 40 % Kohlenhydraten und 12 % Ballaststoffen ist sie eine prima Sättigungsbeilage. In manchen Ländern gehört sie zu den Grundnahrungsmitteln. Perfekt für Eintöpfe, Püree, Humus und Falafel. Eine Vielfältigkeit, die gern unterschätzt wird.

Manchen Versuchungen sollte man nachgeben, wer weiß, wann sie wiederkommen.

Champignons mal anders — Champignoncreme

Zutaten für 4 Gläser (Zubereitungszeit ca. 40 min)

500 g Champignons
250 g Cashewkerne
2 Zwiebeln
3 Essl. Majoran
Bratolivenöl (z. B. von BioPlanete)
Salz und Pfeffer

Schritt 1
Die Champignons und Zwiebeln klein schneiden. Beide Zutaten mit Öl in einer Pfanne kräftig anbraten, in eine Schüssel geben.

Schritt 2
Die Cashewkerne fein mahlen. Dann die Champignons mit Zwiebeln pürieren.

Schritt 3
Alle Zutaten in eine Schüssel geben, mit Majoran, Salz, Pfeffer (nach Geschmack, jedoch nicht zu mild) würzen und mit Öl (ca. 100 ml) vermengen.

Schritt 4
In sterile Gläser abfüllen, gut verschließen und abkühlen lassen. Gläser, die nicht zum sofortigen Gebrauch bestimmt sind, einfrieren, so ist eure Champignoncreme nach dem Auftauen so frisch wie am ersten Tag.

Cashewkerne verwende ich sehr gern in meinen Aufstrichen und Pestos. Diese Nussart stammt im Übrigen vom Kaschubaum, der wohl einst von den Europäern (Portugiesen) in Brasilien entdeckt wurde. Da die Cashewkerne ein guter Lieferant von Mineralstoffen sind, wie z. B. unter vielen anderen Magnesium enthalten (260 mg auf 100 g), welches wiederum gut für die Knochen sein soll, mag ich diese Nuss besonders gern. Daneben enthält sie auf 100 g bis zu 15 % Eiweiß. Pur ein Genuss, ist sie aber auch schnell zu verarbeiten, bis hin zu Soßen, die auch gern in der indischen Küche Verwendung finden.

Einmal „Butterbirne" bitte

Ja, ich habe auch gelacht, als ich es das erste Mal hörte, aber der Begriff Butterbirne hat einen Hintergrund. Es handelt sich im Übrigen um die Avocado :-)

Die sogar noch einen zweiten Namen hat, Alligatorbirne. Der eine Begriff entstand durch ihre Form und vor allem ihre Konsistenz. Der andere durch ihre Form und Beschaffenheit, die einem Alligator ähnelt. Im Deutschen gibt es meist zwei handelsübliche Avocados. Die grüne und die violette. Meine Erfahrung hat jedoch gezeigt, dass die dunkelviolette (also Alligator ;-)) einen besseren Reifegrad und eine feinere, cremige Konsistenz hat.

Mit ihrem hohen Gehalt an Kalium, Magnesium, Calcium, Eisen und Zink u. v. m. sowie im Verhältnis wenig gesättigten, dafür aber einfach und mehrfach gesättigten Fettsäuren gibt sie uns viel Energie.

Sie ist so vielseitig genießbar, als Salatsoßen, Brotaufstriche, zum Dippen und in Salaten, aber auch als Öl.

Für meinen Brotaufstrich benötigt ihr:

Zutaten für 2 Personen (keine 10 min)

2 Avocados
1/2 Zitrone
1 Zehe Knoblauch
(alternativ Knoblauchpulver, ca. 1/2 Teel.)
Salz, Pfeffer

Alle Zutaten in den Mixer geben oder mit Pürierstab zu einer Creme verarbeiten. Salz und Pfeffer nach Geschmack zugeben.

Es ist noch Suppe da!

Wie ich Suppen und Eintöpfe liebe. Sie sind so vielfältig. So gesund. Sie geben einem das Gefühl, dass man nach dem Genuss stärker und fitter wird.

Im Winter sind sie die Heizung von innen und schenken einem ein wohliges Gefühl von „Zuhausesein".

Wenn ich als junges Mädchen mal krank war, habe ich mir immer eine gute Suppe oder einen Eintopf gewünscht. Ob scharf, ob cremig, ob würzig, ob mild.

Eine gute Suppe ist das Aushängeschild einer jeden Küche, mit ausgewählten Zutaten ist sie zudem auch noch nährstoffreich. Die Zubereitung ist manches Mal aufwendiger als die eines Hauptgerichts, aber das muss nicht immer sein.

Grüne-Bohnen-Eintopf

Zutaten für 2 Personen (1 Stunde)

2 l Wasser
8 mittelgroße festkochende Kartoffeln
500 g grüne Bohnen
1 Zwiebel

1 Bund frisches Bohnenkraut oder 2 Essl. getrocknet
(ohne schmeckt es nicht so lecker)
3 bis 4 Essl. Gemüsebrühe, hefefrei (je nach Geschmack)
etwas hocherhitzbares Öl (z. B. Reisöl)

Schritt 1
Die Bohnen waschen und den Strunk entfernen sowie klein schneiden. Auch die Kartoffeln in kleine Würfel schneiden. Beides zu dem Wasser und der Brühe geben. Das Bohnenkraut hinzufügen, die Suppe zum Kochen bringen.

Schritt 2
Die Zwiebel in kleine Würfel schneiden und in einer Pfanne mit etwa 2 bis 3 Essl. Öl goldbraun braten.

Aus der bereits kochenden Suppe eine Kelle Brühe zu den gebratenen Zwiebeln geben, die Pfanne damit ausschwenken und samt den Zwiebeln zurück zum Eintopf.

Tipp: So habt ihr das volle Aroma mit in der Suppe, welches sonst an den Pfannenwänden zurückbleibt.

Schritt 3
Die Suppe nun ca. 30 bis 40 min kochen lassen und anrichten.

Im Übrigen, ein Bohneneintopf ist eine der kräftigen Suppen, die man perfekt einen Tag zuvor zubereiten kann. Der Eintopf schmeckt am nächsten Tag noch intensiver. Also eine tolle Mahlzeit zum Vorkochen. Reicht dazu z. B. ein kräftiges Roggenvollkornbrot. Übrigens haben die Samen der Gartenbohne, die sich in unserer herkömmlichen „grünen Bohne" befinden, einen hohen Proteingehalt, auch wertvolle essentielle Aminosäuren, Eisen, Magnesium, Calcium und Kalium sind ebenso vorhanden. Dazu noch Vitamin C.

Wenn ich gut gegessen habe, ist meine Seele stark und unerschütterlich. (Jean Baptiste Molière)

Tomatenschaumsuppe

Zutaten für 2 Personen (ca. 50 min)
Vorspeise für 4 Personen, Hauptgang für 2 Personen

1,5 kg frische Tomaten
1 flacher Teel. Salz
1 flacher Teel. Zucker
2 Essl. Bruscetta-Gewürz (getrocknete Gewürzmischung,
z. B. von Alte Brennerei)
12 Blätter Basilikum

Tomaten halbieren und Strunk entfernen. Mit 100 ml Wasser und Salz und Zucker zum Kochen bringen. Im Schnellkoch-topf ca. 15 min kochen. Normal ca. 30 min. Dann die Suppe mit 2 Essl. Bruscetta-Würzmischung und 6 Blättern Basilikum zu einem feinen Tomatenschaumsüppchen aufschäumen.

Mit den restlichen Basilikumblättern anrichten.

TIPP: Gern auch mit etwas Sojasahne (z. B. von Alpro) oder 1 Essl. Olivenöl verfeinern.

Dazu könnt ihr Bärlauchecken (siehe Rezept) reichen.

Es gibt niemanden, der nicht isst und trinkt, aber nur wenige, die den Geschmack zu schätzen wissen. (Konfuzius)

Steinpilz- oder Champignoncremesuppe

Zutaten für 2-4 Personen (20 min)
Vorspeise für 4 Personen, Hauptgang für 2 Personen

4 mittelgroße Kartoffeln, geschält (ca. 150 bis 200 g)
350 ml Wasser
1 flacher Essl. Meersalz, Pfeffer
200 bis 250 g frische Steinpilze, alternativ frische Champignons

100 ml Sojamilch mit Kalzium (z. B. von Alpro)
frische Kresse

Schritt 1
Die Pilze putzen und die Kartoffeln und Steinpilze oder Champignons klein schneiden. Wasser in einen Topf geben und mit Salz würzen. Kartoffeln und Pilze hinzufügen. Auf kleiner Stufe 10 min kochen lassen.

Schritt 2
Nun alles mit einem Pürierstab fein schaumig pürieren und die Sojamilch dabei zugeben. Auf höchster Stufe schaumig schlagen. Dann noch einmal unter Rühren kurz aufkochen.
Mit Pfeffer abschmecken und mit Kresse servieren.

(Wer es noch herzhafter mag, kann in die Mitte der Suppe etwas vom Sojageschnetzelten geben.)

Als Vorspeise in einer Menüfolge, aber auch als Einzelgänger prima geeignet, zeichnet sich diese cremige Suppe aus. Die Steinpilze oder Champignons behalten somit ihren vordergründigen Geschmack und werden bei Pilzfreunden ein Gaumenschmaus sein.

Zwischen einem guten Essen und Ernährung können Welten liegen!

Kartoffel-Kürbissuppe mit Roggen-Croutons

Zutaten für 2 Personen (ca. 45 min)

2 kleine Kürbisse (Größe ca. siehe Foto Bohnentopf)
6 mittelgroße Kartoffeln
3-4 Zweige frischer Majoran oder 2 Teel. getrocknet
Gemüsebrühe (z. B. von Rapunzel)

600 ml Wasser
1 kleine Zucchini und/oder Aubergine
2-3 Scheiben Roggenbrot
Öl, Salz, Pfeffer

Schritt 1

Kürbisse zu Suppenschüsseln aushöhlen. Kartoffeln schälen. Kürbis und Kartoffeln in Würfel schneiden und mit Majoran, Gemüsebrühe und 600 ml Wasser zum Kochen bringen, dann ca. 20 bis 25 min abgedeckt leicht köcheln.

Schritt 2

Kleine Zucchini in feine kleine Scheiben oder größere halbieren und die andere Hälfte in Würfel schneiden. Alternativ auch mit Aubergine oder sogar beides. Gemüse in der Pfanne kräftig anbraten, salzen, pfeffern und beiseite stellen.

Schritt 3

Die Brotscheiben in kleine Würfel schneiden, kräftig in heißem Öl oder Margarine rösten, dazwischen etwas salzen.

Gebratenes Gemüse zur Suppe geben. In die ausgehöhlten Kürbisse geben und mit Roggencroutons anrichten.

Heiße Suppen sind gut für die Seele.

Falscher Getreide-Kräuter-Eintopf

Zutaten für 2 Personen (50 min)

Basis für Gemüsebrühe
3 Karotten
1 Gemüsezwiebel
1 Stange Lauch
1 Sellerieknolle, möglichst mit Grün
1,5 l Wasser
3 Essl. Salz
4 Lorbeerblätter
6 Pimentkörner
6 Pfefferkörner
Alle Zutaten grob schneiden, in einen Topf mit Wasser geben. Ca 1,5 h kochen lassen.

750 ml Gemüsefond (alternativ gekörnte Bio-Gemüsebrühe)
2 Essl. Hirse
2 Essl. Amaranth (nicht gepoppt)
2 Essl. Graupen
2 Essl. Quinoa
2 Essl. Chiasamen
frische Petersilie
Oregano oder/und Majoran
1 Karotte
etwas Lauch
1 Scheibe Sellerie
2 Teel. Curry

Schritt 1

Karotte, Lauch, Sellerie in feine, kleine Würfel schneiden. mit dem Getreide in den Gemüsefond (siehe Basis für Gemüsebrühe) geben. Ca. 30 bis 40 min köcheln lassen.

Schritt 2

Petersilie, Oregano, Majoran fein schneiden. Eine Hälfte mit in den Eintopf geben, die andere Hälfte beim Anrichten frisch auf die Suppe streuen. Dazu könnt ihr ein leckeres Röstbrot reichen.

Variation: Probiert es auch mal mit Kartoffeln, Reis, Gerste und Bulgur.

Amaranth nennt man auch das Getreide der Inkas und Azteken, welches eigentlich kein Getreide ist. Es gehört zu der Gruppe der Fuchsschwanzgewächse und hat eine geballte Ladung an Nähr- und Vitalstoffen. Der Kohlenhydratanteil ist im Vergleich zu den Ballaststoffen deutlich niedriger. Amaranth wird auch gern Eiweißbombe genannt, denn daran spart diese tolle Pflanze keineswegs. Aminosäuren sowie Lysin wohnen ebenfalls in diesem kleinen Wunder und auch viel Omega-3- und 6-Fettsäuren. Dass es dann auch noch sehr lecker schmeckt, kann uns allen nur eine Freude sein.

Auch Chiasamen stellen mit ihrem Gehalt an Antioxidantien, Kalzium, Kalium, Eisen und ebenso Omega-3- und 6-Fettsäuren manch anderes Lebensmittel in den Schatten.

Das kleine Quinoa-Korn muss sich jedoch auch nicht verstecken und kann mit den Inhaltsstoffen von Amaranth und Chia mithalten. Auch Quinoa ist eigentlich kein Getreide, denn es gehört zu den Gänsefußgewächsen, so wie z. B. Spinat und rote Beete. Auch hier wussten die Inkas schon, was gut und gesund ist. Diese feinen Kleinen bieten ebenso eine hohe Eiweißquelle und viele Aminosäuren, des Weiteren einen hohen Anteil an Eisen, Magnesium und Riboflavin (Vitamin B 2), welches gut gegen Migräne wirken soll.

Meine Version einer leckeren Tom Ka (asiatische Nudelsuppe)

Zutaten für 2 Personen (25-30 min)

1 Dose Kokosmilch
1 Essl. gelbe Currypaste
1 Hand voll Babyspinat (alternativ tiefgefroren)
1 Stange Zitronengras
5 Scheiben Ingwer
10 bis 15 Shiitakepilze (alternativ Champignons)
2 Karotten

10 bis 15 kleine Brokkoliröschen
1 kleine oder halbe Zucchini
50 Gramm Reis- oder Glasnudeln
1 bis 2 Essl. Salz oder gekörnte Gemüsebrühe (je nach Geschmack)
250 ml Wasser

Schritt 1
Gemüse klein schneiden, Pilze halbieren. Reisnudeln mit Schere klein schneiden.

Schritt 2
Wasser, Kokosmilch, Brühe oder Salz und Currypaste in einen Topf geben, kräftig durchrühren, damit sich die Currypaste auflöst.

Schritt 3
Gemüse hinzufügen und ca. 10-15 min kochen lassen. Abschmecken, evtl. mit etwas Currypaste noch schärfer würzen. Ingwer und Zitronengras vor dem Anrichten entfernen.

Kleine Geschichte zwischendurch

Ich liebe es, vor Ort, auf dem Wochenmarkt oder im Hofladen einzukaufen. Tatsache ist, dass man dabei so herrlich entschleunigen kann. Das wiederum bringt mir, meinem Mann und unseren Hunden viel Freude. Ganz anders als im Supermarkt, durch den ich dann doch meist hetze und froh bin, wenn ich es hinter mir habe.

Vor ein paar Tagen war ich wieder bei Heike. Sie ist mit ihrem Gemüsehof nicht weit weg von unserem Ort.

Beim Einkaufen erzählte sie mir eine sehr nette Geschichte, die ich euch nicht vorenthalten möchte:

„Eine Kundin kam zu ihr auf den Hof und war ganz verzweifelt, Sie sagte, dass ihr Kaninchen keine handelsüblichen Karotten/Möhren fressen wolle. Nun möchte sie es doch mal mit denen vom Gemüsebauern probieren, denn es sei ja schon komisch, dass ein Kaninchen keine Karotten frisst.

Nach ein paar Tagen kam sie wieder, um neue Karotten zu holen, und berichtete: Tatsächlich hat ihr Kaninchen die frischen Karotten vom Hof gefressen. Bei einem Test, bei dem sie die handelsüblichen aus dem Supermarkt und die vom Hof in Scheiben in einem Schälchen gemischt dem Kaninchen präsentierte, wurden die vom Supermarkt fein säuberlich von Bunny aussortiert und nur die guten vom Bauernhof gefressen."

Was sagt uns das? Tiere wissen ganz genau, was gut, unbehandelt und gesund ist.

Was für ein Salat

Ich weiß es noch wie heute, meine Töchter waren alle noch sehr jung und haben mir schon immer in der Küche geholfen. Sie haben wohl auch das Koch-Gen geerbt. Zum Beispiel meine jüngste Tochter, sie schnippelte bereits als Kindergartenkind einen Obstsalat für uns und stand mit ihrer selbstgebastelten Kochmütze am Herd und half fleißig mit. Wundervolle Erinnerungen!

Salate werden geliebt, aber es muss nicht immer nur der schnelle grüne Salat sein, auch hier geht es bunt und anders

Pilz-Salat
Pilz-Reste verwerten :-) :-) :-) geht prima, indem ihr die gebratenen Pilze mit etwas mildem Essig und geschmacksneutralem Öl anreichert, evtl. noch etwas Pfeffer und frischen Schnittlauch oder Petersilie dazufügt. Dann ab in den Kühlschrank. Gut zwei Tage haltbar.

Der schönste Tisch ist ohne ein gutes Essen ein kahles Brett.

111

Exotischer Feldsalat ...

Zutaten für 2 Personen (Salat ca. 10 min)

2 Hand voll Feld-/ Ackersalat
2 Feigen
1/2 Mango
2 Teel. Pinienkerne

Walnussöl
Himbeeressig
Salz, Pfeffer (oder Chiliflocken, z. B. von Schürers Tafelhaus)

Salat waschen und auf einem Teller anrichten. Feigen in 4 Spalten teilen, Mango in Würfel schneiden. Auf den Salat legen, mit Pinienkernen bestreuen, mit Walnussöl und Himbeeressig beträufeln. Mit Salz und Pfeffer würzen (wer es scharf mag, mit Chiliflocken).

... mit Kartoffelrösti

Zutaten für 2 Personen (Rösti ca. 15 min)

6-8 Kartoffeln
1 kleine Zwiebel
1 Essl. Kartoffelstärke

Salz, Pfeffer
Öl (hocherhitzbar, z. B. Erdnussöl von BioPlanete)

Kartoffeln und Zwiebel schälen und fein reiben, mit der Stärke, Salz und Pfeffer in einer Schüssel vermischen. In heißem Öl auf mittlerer Stufe goldgelb braten.

Avocado spielt mit Gurke im Salat

Zutaten für 2 Personen (ca. 10 min)

1 Avocado
1/3 einer Gurke oder eine kleine Gurke
4 Zweige Dill
1 Prise Salz und Pfeffer
2 Essl. Lemon-Ingwer-Essig (z. B. von Alte Brennerei), alternativ den Saft einer 1/4 Zitrone
2 Essl. Walnussöl

Avocado teilen und vorsichtig mit einem Esslöffel aus der Schale heben sowie entkernen. Gurke waschen und beide Sorten in Würfel schneiden. Dill fein hacken. Alle Zutaten mit Salz und Pfeffer sowie Essig und Öl in eine Schüssel geben und vorsichtig umrühren.

Dieser Salat ist nicht nur hervorragend geeignet als Beilage, er schmeckt pur oder besonders gut auf getoastetem Weiß- oder Roggenbrot.

Fenchel sagt Hallo zu Schwarzkümmel

Zutaten für 2 Personen (keine 10 min)

1 Fenchelknolle, groß (oder 2 kleine)
1 Knoblauchzehe
1 Teel. echter Schwarzkümmel (schwarzer Sesam)
1 Prise Salz/Pfeffer
2 Essl. Rapsöl

Fenchel und Knoblauch durch eine feine Reibe geben. Öl, Gewürze und Sesam hinzufügen. Umrühren und genießen.

Ich verspreche euch, nichts daran wird Kindheitserinnerungen an Fencheltee & Co. wachrufen. Ein frischer, ausgefallener und schnell zubereiteter Salat, der zudem so lecker und gesund ist. Schwarzkümmel kennt man auch als schwarzen Sesam, z. B. bei Sushi.

Fenchel hat nicht nur die Eigenschaft, wie wir sie von den Babys kennen, auf den Magen-Darm-Trakt beruhigend zu wirken. Fenchel enthält auch viele ätherische Öle, die gut gegen Erkältungen wirken. Auch die Vitamine A und B sowie Kieselsäure und Mineralsalze sind in dieser tollen Knolle.

Rote Beete im Salatbett mit krossem Brot

Vorweg, bitte nehmt nach Möglichkeit frische rote Beete, die ihr selbst kocht. Sollte es die Zeit nicht zulassen, achtet auf die Qualität und nehmt keine eingelegte rote Beete. Der Geschmack ist nicht der gleiche. In gut sortierten Märkten bekommt ihr sie natur und schon gegart, also nicht in Essig eingelegt. Dieser Salat ist wie eine komplette Mahlzeit.

Zutaten für 2 Personen (Vorbereitungszeit ca. 40 min)

2 bis 3 Rote-Beete-Knollen
1/2 Zitrone
1 Salatkopf nach Wahl
1 Gemüsezwiebel
Kürbiskerne, Pinienkerne
2 Tomaten
1 kleines Weißbrot (alternativ Roggenbrot)

getrockneter oder frischer Knoblauch
oder Bärlauch (z. B. vom Bärlauchbauern)
Walnussöl (z. B. von BioPlanete)
Waldfruchtessig (z. B. von Alte Brennerei)
hoch erhitzbares Öl
Salz, Pfeffer

Schritt 1
Den Saft der halben Zitrone ins Wasser zur roten Beete geben, diese möglichst im Schnellkochtopf ca. 15 min kochen (ich habe gelbe und rote Beete verwendet).
Während dieser Zeit Brot in Scheiben schneiden, in einer Pfanne braten, bis beide Seiten leicht gebräunt sind, mit Salz und Bärlauch oder Knoblauch bestreuen, noch mal kurz wenden. Das Brot aus der Pfanne nehmen, beiseite stellen.

Schritt 2
Rote Beete schälen (Handschuhe nicht vergessen ;-), alternativ fertige rote Beete verwenden. In dünne Scheiben sowie Zwiebel in Ringe schneiden.

Schritt 3
Auf einem großen Teller gewaschene Salatblätter drapieren. Darauf rote Beete und Zwiebelringe legen. Mit Tomaten dekorieren.

Schritt 4
In einer Pfanne mit geschmacksneutralem Öl (hoch erhitzbar) Pinienkerne und Kürbiskerne anrösten. Auf den Salat streuen. Mit Walnussöl und Waldbeeressig beträufeln und mit Salz und Pfeffer würzen. Dazu das Brot reichen.

Kartoffel-Zucchini-Salat

Zutaten für 2 Personen (Vorbereitungszeit ca. 40 min)

8 große festkochende Kartoffeln
1 kleine Zucchini
1 kleine oder halbe Aubergine
1/2 Gemüsezwiebel
2 Essl. Schnittlauch, geschnitten

50 ml Gemüsebrühe
1/2 Teel. Senf, mittelscharf
Salz, Pfeffer
Öl, hocherhitzbar

Schritt 1

Die Kartoffeln mit Schale kochen. Während dieser Zeit Zucchini und Auberginen je nach Größe in Scheiben oder Würfel schneiden. Beide in der Pfanne kurz scharf anbraten und salzen. Beiseite stellen.

Schritt 2

Die Zwiebel in kleine Würfel schneiden, braun braten und unter das Gemüse mischen. Schnittlauch schneiden.

Schritt 3

In einem Gefäß die warme Brühe mit dem Senf und Pfeffer verrühren. Die gekochten Kartoffeln schälen und in Scheiben schneiden, in eine Schüssel geben. Mit dem Gemüse und der Gemüsebrühe vorsichtig vermengen. Schnittlauch hinzugeben.

Variation: Mit gebratenem Sojahack könnt ihr diesem Salat einen noch herzhafteren Geschmack verleihen, einfach untermischen, fertig.

Lauwarm oder kalt genießen.

Durch das gebratene Gemüse und die Zwiebeln bekommt dieser leckere Salat eine wunderbar herzhafte Note.

Powersalat

Zutaten für 2 Personen (Vorbereitungszeit ca. 20 min)

1/2 Tasse Amaranth
1/2 Tasse Quinoa
1 rote Paprika
3 Champignons
1 Lauchzwiebel
1 Pak Chou (alternativ Mangold)
6-8 Stängel Rucola
1 Prise süßes Paprikapulver
1 Prise Knoblauchpulver
1/2 Teel. Bärlauchpulver (z. B. vom Bärlauchbauern)
Salz, Pfeffer
Kokosöl (z. B. von BioPlanete)

Amaranth und Quinoa mit 2 Tassen Wasser und einer Prise Salz kurz aufkochen lassen, dann auf kleinster Stufe ca. 15 min ziehen lassen. Alle Gemüsezutaten klein schneiden und (außer Rucola) kurz in heißem Kokosöl anbraten. Quinoa und Amaranth sowie Gewürze hinzufügen und durchmischen. Klein geschnittenen Rucola zum Schluss untermischen. Abkühlen lassen und genießen.

Ein Power-Salat, der eine würzig-nussige Komponente hat und sich auch prima mit auf Reisen nehmen lässt, ebenso als Beilage sowie als Hauptgericht eignet.

Ein gutes Essen ist Reichtum für die Sinne.

Veganes Sushi

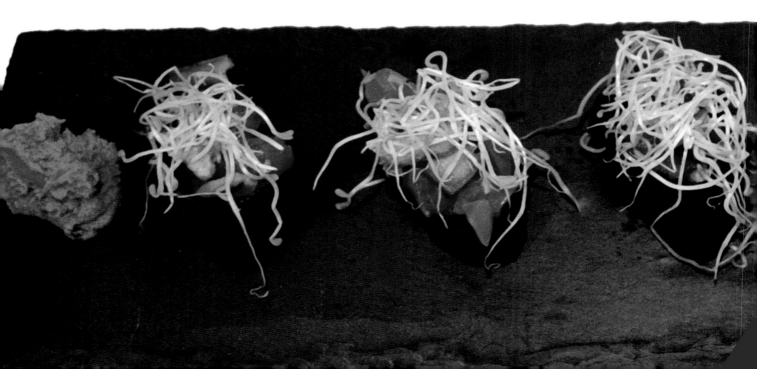

Sushi bedeutet nicht immer gleich, dass es mit Fisch zubereitet werden muss. In Japan werden viele Sushi-Varianten mit Gemüse und Tofu angeboten. Die heutige Version des bekannten Sushi stammt aus Tokio, welches ca. im 18. Jahrhundert unter den vermögenderen Gästen populär wurde, weil eine teure Fischart verwendet wurde. Sushi-Arten gibt es aber wohl schon seit ca. dem 9. Jahrhundert.

Wichtig ist, dass man bei Sushi einen sogenannten Klebreis verwendet (bei uns in Deutschland steht auch Shusireis auf den Verpackungen). Um seine Konsistenz gut verarbeiten zu können, ist es auch wichtig, dass der Reis vorher gewaschen wird, ca. 10 min in Wasser einlegen und abspülen. Sonst klebt er bei der Verarbeitung zu sehr. Ohne den dazugehörigen Reisessig (auch Mirin genannt) ist es jedoch kein gutes Sushi, denn diese leichte Säure macht den Reis so appetitlich. Für euch habe ich vier meiner vielen Sushi-Variationen zusammengestellt.

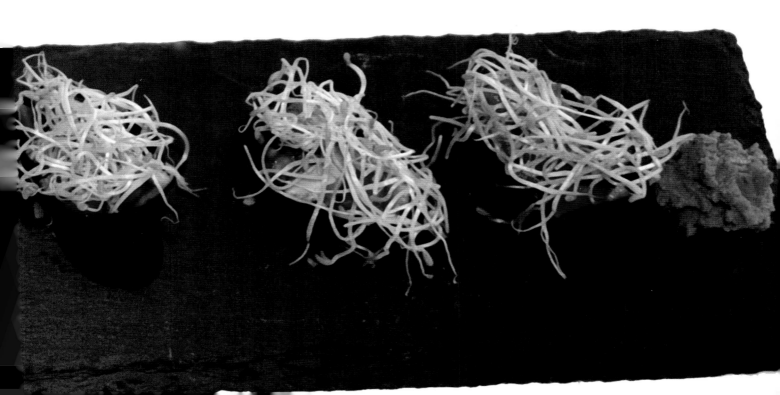

Grundzutaten

Zutaten für 2 Personen
(ca. 1,2 h für 6 Rollen und 8 Schiffchen)

1 Sushimatte (möglichst mit Folie)
japanische Sojasoße, möglichst weizenfrei
Reisessig
Wasabi, getrocknet zum Anrühren oder in der Tube
Ingwer, frisch oder eingelegt
1 P. Noriblätter
1 Beutel Sushireis, max. 200 g

3 Tassen Reis waschen und mit ca. 6 Tassen Wasser
aufkochen. Auf kleiner Stufe abgedeckt ziehen lassen,
bis das Wasser verdampft ist. 2 bis 3 Essl. Reisessig gut
untermischen.

Zutaten für 4 Variationen

1 Lauchzwiebel
5 Streifen geschnittener weißer Rettich
5 Streifen geschnittene Gurke
5 Streifen geschnittene Paprika
5 Streifen geschnittene Zucchini
eine Hand voll Kresse oder Sprossen
1 Tomate in kleinen Würfeln
2 Scheiben geräucherter Tofu
Sesam, schwarz und hell
Chiligewürz (z. B. von Schürers Tafelhaus)
Bruscetta-Gewürz (z. B. von Alte Brennerei)
Soyanada-Sauerrahm (fermentierter Biosoja in Biomärkten)

Variation 1 Insite

Schritt 1
Noriblatt auf Sushimatte legen. Klebreis mit feuchten
Händen gleichmäßig darauf verteilen und andrücken,
so dass er zusammenhält. Oben und unten einen Rand
frei lassen Mit Wasabi (am besten mit Pinsel) bestreichen.
Soyananda-Sauerrahm auftragen.

Schritt 2
Gurkenstreifen, Rettichstreifen, Kresse oder Sprossen
darauf verteilen.

Schritt 3
Fest zusammenrollen.
Rolle beiseite legen.

Variation 2 Outsite

Reis auf Folie in einem Quadrat in der Größe eines Nori-blatts legen. Fest zusammenpressen. Noriblatt auf Reis legen, mit Wasabi einpinseln. Avocado in Streifen, Paprika und Lauchzwiebeln auf den Rollen verteilen. Fest zusammenrollen. Auf einem Teller mit hellem Sesam die Rolle panieren, beiseite legen.

Variation 3 Outsite

Wie Variation 2, jedoch mit gebratenen Räuchertofustreifen, Paprika, Kresse oder Sprossen belegen. Fest zusammenrollen. Mit schwarzem Sesam panieren.

Variation 4 Sushischiffchen

Kleine ovale fingerbreite Rollen formen (siehe Foto), mit Wasabi bestreichen. Mit in breiten Streifen geschnittenen Noriblättern ummanteln. Mit einem Tropfen Wasser zusammenkleben. Klein gehackte Tomate mit Chilipulver und Bruscetta-Gewürz mischen und in die Boote geben. Mit Kresse belegen.

Sushi-Rollen mit einem sehr scharfen Messer in fingerbreite Streifen schneiden. Auf einem Brett anrichten. Dazu reicht man Sojasoße, geriebenen oder eingelegten Ingwer und Wasabi.

TIPP:

Holt euch im Internet Informationen, wie ihr am besten die Sushi-Rollen formen könnt, dort gibt es Videos dazu. Beim Füllen der Sushi-Rollen sind euch wieder keine Grenzen gesetzt. Alles, worauf ihr Lust habt, könnt ihr zum Füllen nehmen. Es sollte nur harmonieren.

Viel Spaß!

Wenn einer eine Reise tut.

Wraps, Tortillas und mehr....

Egal, ob ihr Besuch bekommt oder selbst verreist. Ob ihr zur Arbeit fahrt oder einfach nur ein Pausenbrot für die Schule machen wollt. Genau dafür sind diese feinen Snacks sehr gut geeignet, denn noch bekommt man leider nicht überall vegane Kost. Auch hat man mal das Verlangen eine kleine Zwischenmahlzeit einzunehmen und dann gibt es oft nur die bekannten Fastfoodketten für die schnellen Mahlzeiten.

Mit den feinen Wraps könnt ihr euch prima unterwegs ein paar Leckereien gönnen und müsst nicht auf eine gute vegane Mahlzeit verzichten. Wenn ihr dann noch mal etwas mehr schnippelt und schneidet für die Füllungen, diese im Kühlschrank in einer verschlossenen Dose aufbewahrt, sind sie am nächsten Morgen oder gar übermorgen schnell zubereitet.

Wraps bzw. Tortillas

Zutaten für 2 Personen (ca. 10-15 min)

3 Wraps oder Lavash	Paprika
Kokosöl	Zucchini
Avocadocreme oder	Gurke
andere Aufstriche, siehe	Salatblätter
Rezept	Schnittlauch
Champignons	Salz, Pfeffer

Schritt 1

Gemüse in Streifen schneiden (ihr könnt auch mehr zubereiten und in Schüsseln für ein anderes Mal bis zu 3 Tagen aufbewahren).

Nun in einer Pfanne in Kokosöl scharf, aber bissfest anbraten. Das Kokosöl gibt in Verbindung mit dem Gemüse ein besonders delikates Aroma, welches aber nicht vordergründig ist. Abschließend salzen und pfeffern.

Schritt 2

Wraps ganz kurz in der Pfanne (ohne Fett) erhitzen, mit Avocadocreme oder Aufstrich nach Wahl bestreichen.

Schritt 3

Mit Salatblättern belegen. Versetzt über den Wrap das Gemüse verteilen, so dass es sich beim Einrollen nicht nur im Inneren befindet. Wrap fest zusammenrollen. Auf den Abschlussrand des Wraps noch einmal Aufstrich als „Kleber" zum Schließen streichen.

Ob es Pfannkuchen (siehe Rezept) sind, Wraps, Tortillas, Pita-Taschen, Lavash, es sind euch keine Grenzen gesetzt. Mal füllt ihr diese z. B. zur Spargelzeit mit Spargel oder auch mal mit Brokkoli, Gemüse, welches ihr evtl. am Vortag für eine andere Mahlzeit bissfest gekocht habt. Reste davon könnt ihr super verwenden. Als Soße empfehle ich euch z. B. die Bärlauchsoße, siehe Rezept Kartoffelauflauf, aber auch alle Pestos bzw. Aufstriche harmonieredazu.

Ob Rohkost, z. B. mit Karotte, Gurke, Paprika, Tomate, Weißkraut, Rettich, Lauchzwiebel, Eisbergsalat, Radieschen, Kresse, Sprossen, oder in der Pfanne gegrilltes Gemüse wie Auberginen, Zucchini und Paprika, Champignons. Einfach alles vorher in kleine Streifen schneiden, ganz kurz anbraten und schon fertig. Wenn ihr Besuch erwartet und dann nicht die ganze Zeit in der Küche stehen wollt, am besten einen Tag zuvor alle Zutaten klein scheiden und am nächsten Morgen fertig rollen. Auch die Pfannkuchentorten (siehe Rezept), eine herzhafte Variation, die sogar am nächsten Tag noch besser schmeckt, ist eine tolle Überraschung. So kann man sich getrost seinen Gästen widmen und selbst ebenso genießen.

Krosse Bärlauchecken

Welch krosses Brot ihr auch prima reichen könnt oder auf Arbeit und unterwegs genießen, folgt in meinem nächsten, sehr einfachen Rezept, dafür braucht ihr:

Zutaten für 2 Personen (ca. 10 min)

6 Scheiben Tramezzini (ohne Milch), alternativ Toast oder Weißbrot
Salz (möglichst mildes, z. B. Himalaya)

getrockneter Bärlauch (z. B. vom Bärlauchbauern), alternativ Knoblauch
hocherhitzbares Öl oder Pflanzenmargarine

Brot kurz im Toaster antoasten. Dann z. B. in Dreiecke schneiden. In der Pfanne Öl, Margarine erhitzen, Brot von beiden Seiten knusprig braun braten, mit Salz und Bärlauch bestreuen, auf Zewa restliches Öl abtropfen und abkühlen lassen. Pur oder zu jedem Salat ein Genuss. Hält gut 3 Tage, jedoch bitte nicht mit Folie abdecken oder gar im Kühlschrank aufbewahren, sonst wird das krosse Brot wieder weich. Im Übrigen schmeckt es auch sensationell lecker mit dunklem Brot, z. B. Roggen.

Frohsinn und Heiterkeit würzt jede Mahlzeit.

Gefüllte Pfannkuchentorte (salzig)

Zutaten für bis zu 4 Personen (ca. 40 min)

150 g Mehl
300 ml Wasser
2 Essl. Chia-Samen

1 Prise Salz
1 P. Backpulver (10 g)
5 Essl. hocherhitzbares Öl

Alle Zutaten incl. Öl mit einem Schneebesen aufschlagen. In einer vorgeheizten Pfanne mit nur ein paar Tropfen Öl (ist bereits im Teig enthalten) ca. 4 bis 5 Pfannkuchen, möglichst alle gleich groß, von beiden Seiten braten.

Gaumenfreuden sind auch Seelenfreuden.

Variation 1- Rucola

Rucola
Mais
Paprika
Tomaten

Lauchzwiebel
2 Essl. Mandelmus
Salz, Pfeffer, Muskatnuss
6 Essl. Mineralwasser mit Kohlensäure

Paprika, Tomaten, Lauchzwiebel in sehr kleine Würfelchen schneiden. Kurz anbraten. Mit Salz und Pfeffer würzen. Mandelmus mit Mineralwasser, Salz, Pfeffer und frisch geriebener Muskatnuss in einem Topf gut durchrühren und kurz aufkochen. Evtl. noch etwas Wasser hinzufügen, so dass eine sahnige Soße entsteht.

Pfannkuchen mit Soße bestreichen, Rucola drauflegen. Nächsten Pfannkuchen drauflegen, mit Tomaten-Paprika-Gemüse bestreichen. Weiter im Wechsel, mit einem Pfannkuchen abschließen und mit Rucola belegen. Zum Abkühlen beiseite stellen. Die Soße zum abgekühlten Pfannkuchen reichen oder pur genießen.

Variation 2- Blattspinat

125 g Baby-Blattspinat (alternativ tiefgefroren)
1 Paprika
2 Tomaten
1 Essl. getrockneter Bärlauch (z. B. vom Bärlauchbauern)
2 Essl. Schnittlauch

1 flacher Teel. Chilisalz (z. B. von Schürers Tafelhaus)
2 Essl. Mandelmus
Muskatnuss
8-10 Essl. Wasser

Tomaten und Paprika sehr klein schneiden und kurz scharf anbraten. Mit Bärlauch und Chilisalz würzen und mit Schnittlauch vermischen. Beiseite stellen.

Frischen Spinat (ein paar Blätter für die Deko aufheben) mit Wasser aufkochen, mit Muskatnuss und etwas Salz würzen, Mandelmus darunterrühren. Beide Zutaten im Wechsel Schicht für Schicht auf die Pfannkuchen verteilen. Mit Schnittlauch und ein paar frischen Spinatblättern dekorieren.

Kann denn Süßes Sünde sein?

Kennt ihr das auch? Eine Süßspeise gegessen und danach habt ihr ein Völlegefühl und wollt euch am liebsten schlafen legen. Ehrlich gesagt, habe ich früher aus genau dem Grund kaum eine Nachspeise zu mir genommen. Als junges Mädchen habe ich sogar ganz darauf verzichtet, denn Pudding & Co. haben mir nicht wirklich geschmeckt.

Aber heute entdecke ich „süße Sünden" voller Energie, die nicht schwer sind und die mir Freude machen, die die Seele tanzen lassen und einem nicht das Gefühl geben, dass man gleich platzt. Nüsse, Früchte und vegane Milchprodukte eigenen sich hervorragend für cremige oder schaumige Leckereien ... hmmm, lecker ...

Mango küsst Kokos im Karamellstrudel

Für 2 Personen (Zubereitungszeit ca. 15 min)

1 Mango
5 Essl. Kokoscreme
2 Essl. Hafersahne (alternativ Sojasahne)
5 Essl. Puderzucker
2 Essl. gepoppter Amaranth
2 Essl. Quinoa
2 Essl. Haferflocken
1 Essl. Kokosöl

Mango schälen, entkernen und pürieren.
Kokoscreme mit 3 Essl. Puderzucker und Hafersahne aufschlagen.
Amaranth, Quinoa und Haferflocken mit 2 Essl. Puderzucker in Kokosöl kross braun karamellisieren.
Nun alle 3 Zutaten in ein Glas schichten.
Ca. 30 min kalt stellen.

Für meine Tochter Alice, so schön, dass es dich gibt!

Haselnussnougatcreme an karamellisierten Feigen-Walnüssen

Zutaten für 2 Personen (Vorbereitungszeit ca. 20 min)

4 Essl. Haselnussmus
3 Essl. Puderzucker
50 ml Haselnussmilch oder Sojamilch
100 ml Schlagcreme (z. B. von Schlagfit)
1 B. Sahnesteif (z. B. von BioVegan)

1,5 Essl. Agar Agar
10 Walnüsse; Walnussöl (z. B. von BioPlanete)
2 Feigen
2 Teel. Puderzucker

Haselnussmus, Milch, Puderzucker und Agar Agar in einem Topf verquirlen. Kurz aufkochen, beiseite stellen. Sahne mit Sahnesteif aufschlagen. Die lauwarme Nusscreme unterheben. Kalt stellen. Die Walnüsse mit etwas Walnussöl und Puderzucker sowie den geschälten Feigen in der Pfanne karamellisieren. Die Nougatcreme mit den Feigen und Walnüssen anrichten. Mit etwas veganen Schokoraspeln dekorieren.

Für meine Tochter Melanie, die ich sehr liebe.

Heiße Himbeere trifft auf kalte Vanille

Für 2 Personen (Vorbereitungszeit ca 30 min)

100 ml Sojamilch mit Kalzium
200 ml Sojasahnecreme
3 Teel. Puderzucker
Vanilleschote
2 Teel. Agar Agar
200 g Himbeeren (auch tiefgefroren)
3 Essl. brauner Rohrzucker und 3 Essl. Mohn

Alle Zutaten für den Vanillepudding mit dem Mark einer Vanilleschote, alternativ Vanille-Mühle, in einen Kochtopf geben. Mit dem Schneebesen kräftig aufschäumen, dabei langsam zum Kochen bringen. Sofort auf kleinste Stufe stellen und noch ca. 2 min weiter aufschlagen. In 2 kalte Schalen abfüllen. Beiseite stellen und abkühlen, ab und an vorsichtig umrühren, im Kühlschrank weiterkühlen.
Die frischen oder tiefgekühlten Himbeeren in einen Topf geben. Mit 3 Essl. braunem Rohrzucker aufkochen, evtl. ein paar Tropfen Wasser dazugeben. Falls die kernige Konsistenz der Himbeere stört, durch ein feines Sieb passieren. Die Himbeeren heiß über den erkalteten Vanillepudding geben. In der Pfanne den Mohn kurz anrösten und auf die Himbeeren streuen.

Für meine Tochter Janine, immer tief in meinem Herzen.

Schokotraum mit Orangenfilet

Für 2 Personen (Zubereitungszeit ca. 20 min)

200 ml Macadamia- oder Haselnussmilch
1 Essl. Cashewmus
3 Essl. Puderzucker
1 Essl. Agar Agar
1,5 Teel. Kakao
1 Orange
2 Essl. Puderzucker
4-8 Minzblätter

Nussmilch mit allen Zutaten verquirlen, unter Rühren aufkochen, kalt stellen.
Orange schälen und filetieren. In einer beschichteten Pfanne die Orangenfilets mit dem Puderzucker kurz karamellisieren. Heiß oder kalt auf der Schokocreme anrichten. Diese am besten, wenn ihr sie aus dem Kühlschrank nehmt, noch einmal kurz aufschlagen, um sie cremiger werden zu lassen. Mit Minzblättern anrichten.

Für Dennis, ein toller „Stief-"Sohn und Freund.

145

Saures trifft auf Süßes — Limetten-Matcha-Creme

Limettencreme

Für 2 Personen (Zubereitungszeit ca. 25 min)

2 Limetten
1/2 Zitrone
3 Essl. Puderzucker
1 Essl. Agar Agar
1 P. Schlagfit (z. B. von Schlagfit)
1 P. Sahnesteif (vegan)
1 Teel. Matcha (von Aiya)

Schritt 1
Aus Limetten und 1/2 Zitrone den Saft in einen Topf pressen, Puderzucker, Agar Agar kurz aufkochen, so dass eine Verbindung entsteht. Beiseite stellen.

Schritt 2
Schlagfit mit Sahnesteif aufschlagen, 1 Teel. Matcha hinzufügen. Nun die Limettensoße Löffel für Löffel unter die Creme geben, bis sie eine cremige Konsistenz hat. Ca. 30 min kalt stellen.

Karamellcrunch

3 Teel. Amaranth
2 Teel. Sesam
2 Teel. Haferflocken
2 Teel. Sonnenblumenkerne
1 Essl. Kokosöl
3 Essl. Puderzucker

Puderzucker mit Kokosöl in der Pfanne erhitzen, alle Zutaten hinzufügen. Kurz umrühren und zu einem großen Keks zusammenpressen. Pfanne sofort beiseite stellen und abkühlen lassen. Abgekühlt Bruchstücke zur Limettencreme reichen.

Für meinen geliebten Ehemann.

Mandel-Matchacreme ...

Zutaten für die Mandelcreme für 2 Personen oder 4 kl. Portionen (Zubereitungszeit ca. 10 bis 15 min)

500 ml Mandelmilch
1 Stange Bourbon-Vanille (Mark entfernen)
alternativ Bourbon-Vanille aus der Mühle oder Pulver
2 Essl. Mandelcreme

3-4 Essl. Rohrzucker
1 Teel. Matcha (von Aiya) (geht auch ohne)
1 Essl. Agar Agar
1/2 Teel. Reismehl

Schritt 1
Mandelmilch mit allen oben angegebenen Zutaten (außer Matcha) zum Kochen bringen, dabei kräftig mit dem Schnee-beesen rühren. Sobald es kocht, auf kleinster Stufe noch 1 min unter weiter aufschlagen.

Schritt 2
In einen Behälter gießen und mit dem Mixer aufschäumen, Matcha hinzufügen, nochmals durchquirlen.

Schritt 3
In Schälchen abfüllen und für ca. 2 Stunden in den Kühlschrank stellen.

... mit Birne-Marsala

Zutaten für Birne Marsala für 2 Personen (10 min)

2 noch etwas feste Birnen
1,5 Essl. Rohrzucker
6 Essl. italienischer Marsala

1/2 Zitrone
4 Essl. Wasser

Birnen schälen und in einen Topf legen, mit der Zitrone beträufeln. Das Wasser mit dem Zucker und dem Marsala über die Birnen geben. Kurz aufkochen lassen. Dann auf kleinster Stufe abgedeckt für 5 min ziehen lassen.

In ein geeignetes Gefäß geben und im Kühlschrank abkühlen lassen.

Ca. 2 Stunden später auf der fest gewordenen Creme anrichten. Den Saft der Birne in einem extra Glas reichen.

Variation: Alles geht auch heiß, z. B. im Winter, tausche dann die Vanille-Schote gegen Zimt :-)

Ein klein wenig Süßes kann viel Bitteres verschwinden lassen. (Francesco Petrarca)

Zwetschgensoße

Für 2 Personen (Zubereitungszeit ca. 50 min)

500 g Zwetschgen
50 ml Wasser
2 Teel. Zimt
8 bis 10 Teel. Rohrzucker, braun
4-5 Nelken im Teebeutel oder Teeei

Zwetschgen waschen und entkernen. Mit dem Wasser und allen Gewürzen ca. 50 min kochen lassen, pürieren.

Zwetschgenkompott

Für 2 Personen (Zubereitungszeit ca. 50 min)

250 g Zwetschgen
100 ml Wasser
6 Essl. Apfelsüße
1 Essl. Zimt

3 min kochen lassen, kalt oder heiß servieren, mit Zimt bestreuen.

Mirabellen-Kompott

Für 2 Personen (Zubereitungszeit ca. 10 min)

350 g Mirabellen
3 Essl. Apfelsüße
1 Essl. Zimt
Saft einer halben Zitrone
2 Essl. Rohrzucker, braun

Kurz aufkochen lassen, max. 2 min.
Kalt oder auch heiß servieren.

Pfirsich-Sorbet

Matcha-Eispralinen

Für 2 Personen (Vorbereitungszeit ca. 10 min)

4 Pfirsiche
6 Essl. Roséwein
4 Essl. Reissirup
6-8 Essl. Wasser

Pfirsiche kurz erhitzen, Haut abziehen, danach nochmals 2 bis 3 min kochen. Die restlichen Zutaten hinzufügen, pürieren und einfrieren. Wenn ihr keine Eismaschine habt, während des Gefriervorganges immer wieder umrühren. Wenn das Eis gefroren ist, mit dem Pürierstab aufschäumen, um eine cremige Konsistenz zu erhalten.

Für 12-15 Pralinen (Vorbereitungszeit ca. 15 min)

50 g Kakaobutter
1 Essl. Kokosblütenzucker
1 Essl. Puderzucker
1 Espressolöffel Matcha (von Aiya)
2 Essl. Cashew-Creme (z. B. Rapunzel)

Alle Zutaten in einer Schüssel in einem Wasserbad zum Schmelzen bringen, dabei mit Schneebesen kräftig durchschlagen. Die flüssige Masse in Pralinenformen füllen und abkühlen lassen. Dann einfrieren. 10 min vor Genuss antauen.

Nun stellt ihr euch sicher die Frage, warum ich gern den hochwertigen Ajya-Matcha „japanischer Grüntee" verwende.

Auch dazu gibt es eine kleine Geschichte.

In den frühen 70er Jahren hatte Yoshio Sugita, Präsident von Aiya, eine Vision: japanischen Grüntee bester Qualität in Bio herzustellen. Lange bevor Bio populär wurde, sammelte er die besten Teebauern um sich und begann, mit ihnen gemeinsam Matcha-Tee ökologisch anzubauen. Matcha wurde den Vermutungen nach bereits im 6. Jahrhundert entwickelt. Damals, wie so oft üblich, zur Verwendung als Heilmittel. Kein Wunder, denn die Inhaltsstoffe sind neben den Vitaminen A, B, C und E auch Antioxidantien, die viele positive Effekte haben. Matcha weist hier einen Wert von 70 mg pro Gramm auf, der um ein Vielfaches höher ist als in einer vergleichbaren Menge eines Grünteebeutels.

Auch Aminosäuren, eine davon ist L-Theanin, haben eine beruhigende und entspannende Eigenschaft, die dem Teein (Tee-Koffein) entgegenwirkt, welches wiederum bekannt ist für seine belebenden Effekte.

Kaffee z. B. vertrage ich nicht so gut. Matcha-Tee jedoch kann ich immer wieder auch zwischendurch genießen, ohne dass ich die Nebenwirkungen des Koffeins zu spüren bekomme, und weiß dabei auch noch, dass ich mir etwas Gutes tue.

Das Besondere von Matcha-Teesorten ist, dass die Blätter des Teebaumes, noch im jungen Stadium geerntet, im Ganzen zu einem feinen Pulver gemahlen werden. Auf diese Weise können Teeliebhaber somit eine höhere Konzentration an Antioxidanten, Vitaminen und Mineralien des Grüntees aufnehmen. Dass es sich auch noch besonders gut für Mixgetränke, Kuchen, Desserts bis hin zu Soßen eignet, ist ein positiver Nebeneffekt. Lest dazu mehr unter meiner Empfehlungsliste.

Blaubeer-Haselnuss-Küchlein

Zutaten für 2 bis 4 Personen (Zubereitungszeit ca. 50 min)

100 g gemahlene Haselnüsse
150 g Weizenmehl
1 P. Backpulver
1 P. Vanillezucker
5 Essl. Walnussöl (alternativ Margarine, ca. 30 g)

1 Essl. weißes Mandelmus
5 Essl. Nuss- oder Sojamilch
5 Essl. Puderzucker
200 g Heidelbeeren (tiefgefroren)
6 Essl. brauner Rohrzucker

Schritt 1
Haselnüsse mit allen Zutaten (außer Blaubeeren und braunem Rohrzucker) zu einem geschmeidigen Teig verarbeiten. Beiseite stellen. Backofen auf 220 °C vorheizen.
Die Hälfte des Teiges in z. B. 4-5 gefettete Förmchen, noch besser in Muffinpapierformen geben.

Schritt 2
Blaubeeren mit 6 Essl. braunem Rohrzucker mischen. Nun die Hälfte der Blaubeeren auf die erste Schicht des Teiges geben. 2. Schicht Teig daraufgeben (Foto: nur eine Schicht).

Schritt 3
Küchlein ca. 25 min backen, nun die restlichen Blaubeeren auf den Teig geben. Weitere 15 min backen. Dazu könnt ihr natürlich auch prima Schlagfit (pflanzliche Sahne) reichen.

Glück ist etwas Selbstgebackenes.

Nusspfannkuchen an Kiwisoße

Zutaten für 2 Personen (Zubereitungszeit ca. 40 min)

100 g Weizen- oder Dinkelmehl
2-3 Essl. gepoppter Amaranth
5 g Backpulver
2-3 Essl. Puderzucker
ca. 250 ml Wasser
3 Essl. Öl
3 Kiwis

2 Essl. Apfelsüße
3 Essl. Haselnussmus
1 Essl. Mandelmus
5 Essl. Sojamilch
3 Essl. Puderzucker
2 Essl. gemahlene Haselnüsse oder Variationen

Schritt 1
Mehl, Amaranth, Zucker und Backpulver mit Wasser und Öl vermengen. Beiseite stellen.

Schritt 2
Kiwi mit Apfelsüße pürieren.

Schritt 3
Die restlichen Zutaten in einen Kochtopf geben, gut verrühren und kurz aufkochen.

Schritt 4
Die Pfannkuchen braten (ca. 4 bis 5). Danach im Wechsel mit Nusscreme bestreichen und Kiwisoße auftragen. Mit einem Formstecher Türmchen ausstechen. Die Pfannkuchenreste in kleine Würfel schneiden und auf die Türmchen drapieren. Mit Puderzucker bestreuen und mit der restlichen Soße anrichten.

Haselnuss, Walnuss und Mandel gehören in Deutschland mit zu den bekanntesten Nussarten. Die Haselnuss sogar aus dem Märchen „Aschenputtel". Nüsse im Allgemeinen enthalten viele ätherische Öle. Die Haselnuss wird viel zum Backen, aber auch für das bekannte und so beliebte Nougat verwendet. Eine Handvoll Haselnüsse, aber auch Mandeln deckt bis zu 50 % des Tagesbedarfes an Vitamin E, welches wiederum vorbeugend bei Erkrankungen der Herzkranzgefäße sein kann. Die Walnuss hat einen hohen Anteil an Omega-3-Fettsäuren. Immunsystem und auch Hormonsystem sind teilweise wohl von diesen Fettsäuren abhängig.

Nachwort

Manchmal passiert es mir natürlich noch, dass ich etwas stärkere Schmerzen habe, die durch einen turbulenten Tag verursacht wurden.

Wenn ich dann abends im Bett liege, tanzen die Ameisen auf meinem Körper (verursacht durch die Fibromyalgie). Aber mittlerweile weiß ich mir gut zu helfen. Ein kühlendes Gelkissen auf der Stirn lenkt mich von vielem ab. Aber auch meine Gedanken, denn ich versuche mir etwas Schönes auszumalen. Egal, was es ist, positiv muss es sein und mich vielleicht sogar am Folgetag begleiten können, so dass ich mich schon darauf freuen kann. In manchen Nächten sind es neue Gerichte, die ich in meiner Fantasie zaubere, und ich gebe zu, manchmal möchte ich glatt wieder aufstehen und loslegen. ;-)

Ob man durch Schmerzen gepeinigt ist oder eventuell durch seine Arbeit im Berufsleben nicht abschalten kann, jedem empfehle ich, mit einem schönen Wunschgedanken schlafen zu gehen. Auch Meditation kann dabei sehr behilflich sein.

Im Übrigen, es geht mir heute viel besser, und ja, ich bin mir sicher, dass es nicht nur meine Einstellung geworden ist, alles anders, positiver zu betrachten, sondern meine gesunde vegane Ernährung. Wusstet ihr, dass Fleisch nicht nur ein Entzündungsträger bei vorhandenen Entzündungen im Körper ist, sondern auch Entzündungen fördert, ja sogar verursachen kann? Dies haben neueste wissenschaftliche Studien erst diesen Sommer, 2014, wohl wieder bestätigt. Aber wer braucht denn da noch tierische Lebensmittel bei der Abwechslung, die uns vegane Lebensmittel bieten?

Meine Empfehlung an die Menschen, die so wie ich eventuell unter Schmerzen leiden und mein Kochbuch lesen, verausgabt euch möglichst nicht zu sehr. Macht alles weitestgehend, wenn irgend möglich, mit Ruhe und Muße. Sucht euch mindestens eine Aufgabe am Tag, die euch mit viel Freude erfüllt.

Auch beim Kochen, denn es macht mehr Freude und der Genuss ist umso größer. Wenn dann die Zeitangaben dadurch mal um zehn Minuten verrutschen, na und? Was macht das schon, wichtig ist dabei der Spaß, der Duft und die Farben der vielen schönen Zutaten. Auch Stressgeplagten empfehle ich es, denn Kochen ist etwas für die Sinne, sehen, fühlen, riechen, schmecken. Richtet euch euer Essen appetitlich an, denn ihr wisst doch, das Auge isst mit.

Seit ich mich der veganen Küche mit ihrer Vielfalt, aus der ich euch in meinem Buch nur einen Ausschnitt gewähren konnte, widme, habe ich an mir etwas festgestellt.

Dass es mir gesundheitlich viel besser geht, möchte ich gern noch mal erwähnen. Weniger Schmerzen sind dabei nur eine von vielen Veränderungen. Keine geschwollenen, entzündeten Gelenke mehr, nur noch selten Wassereinlagerungen. Eine höhere Qualität am Nachtschlaf, der einst durch die starken Schmerzen viele Unterbrechungen forderte und dadurch eine Katastrophe war.

Seltenst Kopfschmerzen, die früher zur Tagesordnung gehörten. Mein allgemeines Wohlbefinden hat sich für mich um, ja, ich kann sagen mehr als 50 bis 70 % verbessert.

Denn ich weiß ja, dass es Baustellen in meinem Körper gibt, die nicht reparabel sind, aber durch meine vegane, gesunde Ernährung und durch meine Einstellung, das Leben mit positiven Augen zu betrachten, geht es mir heute so gut. Hätte mir noch vor über zehn Jahren, als meine Ärzteodyssee ihren Lauf nahm, jemand erzählt, dass ich allein durch eine vegane Lebensweise weniger Schmerzen und somit eine höhere Lebensqualität erreiche, ich wäre überglücklich gewesen.

Doch allein diesen Weg gegangen zu sein und auf meine innere Stimme gehört zu haben, macht mich sehr stolz und gleichzeitig auch nachdenklich.

Es bleibt nicht aus, dass ich mir automatisch die Frage stelle, wem geht es eventuell ähnlich wie mir? Und wie viele Menschen werden wohl durch zu hohen Fleischkonsum, zu viele tierische Produkte, die es auf diese Weise in der ganzen Menschheitsgeschichte bis vor gut 50/60 Jahren nie gegeben hat, eventuell sehr krank?

Davon abgesehen wird immer mehr darüber berichtet, dass es so gut wie kein Fleisch mehr auf dem Markt gibt, bei dem die Angst- beziehungsweise Stresshormone der getöteten und vorher unter widrigsten Umständen gehaltenen Tiere nicht mitgegessen werden. Auch gehören immer mehr Antibiotika dazu, die den Tieren verabreicht werden, bei denen Studien wohl belegen, dass Menschen durch zu viel Fleischkonsum eine Resistenz gegen ebendiese entwickelt haben.

Nun aber wieder weg von den Schreckensnachrichten.

Stellt euch vor, auch meine Sinne haben sich sehr verändert. Ich rieche und schmecke viel mehr als früher. Des Weiteren schaue ich genauer hin, was und wo ich einkaufe, denn ich möchte, dass es duftet, dass es frisch ist, dass es Aromen verbreitet. Kräuter z. B. gehören für mich in jede gute Küche. Mein Tipp, legt euch doch auch einen eigenen kleinen Kräutergarten an. Im Garten, auf dem Balkon, aber auch in der Küche auf der Fensterbank. Frische Kräuter bringen noch mehr Lust auf gutes Essen.

Zu sehen, wie es wächst und gedeiht, gibt zusätzliche Freuden.

Dem einen oder anderen von euch ist vielleicht die eine oder andere Zutat, die ich verwende, nicht so geläufig oder bekannt. Auch weiß ich, dass manche in der Anschaffung nicht so günstig sind. Das sollte euch jedoch bitte nicht aufhalten oder gar abschrecken. Denn hat man sich erst mal über einen gewissen Zeitraum einen Grundstock zugelegt, Altes aussortiert, Neues angeschafft, werdet ihr schnell merken, vieles davon braucht ihr nicht täglich. Anderes wieder ist im Verkauf in größerer Menge erhältlich, hält also eine Weile. Typische Gewürze dagegen wie Salz, Pfeffer, Paprika, Curry, Chili sind bei mir Grundbestandteil von vielen Gerichten. Natürlich gibt es auch hier noch viele mehr. Aber wie schon erwähnt, dies ist nur ein Auszug von so vielen Gerichten, die ich in meinem Kopf habe. Solltet ihr Lust auf mehr bekommen, lasst es mich wissen, ich arbeite gerade an neuen, kreativen Ideen, zu denen auch Pralinen, Torten, Currys u. v. m. gehören.

Essen gehen ist nicht gleich essen gehen

Natürlich kommt es auch bei mir mal vor, dass ich keine Lust habe zu kochen.

Meine Ansprüche an gutes Essen und seine Qualität sind zugegebenermaßen nicht wirklich gering.

Lieber gehen mein Mann und ich einmal weniger aus. Dafür aber können wir uns auf ein kulinarisches Erlebnis freuen, als dass ich aus dem Restaurant gehe mit dem Spruch auf den Lippen, wie ich ihn selbst schon früher mal sagte und oft von anderen hörte: „Hier gehen wir aber nie wieder essen." Das ist für uns rausgeschmissenes Geld und doch sehr ärgerlich.

Wir wohnen im Landkreis von Stuttgart. In der Großstadt gibt es mittlerweile ein paar wenige „vegane" Lokale. Bisher hat mich keines wirklich umgehauen.

Hinzu kommt, ab und an ist man mit Familie oder Freunden unterwegs und nicht alle wollen vegan essen oder sich anpassen müssen.

Schön, dass ich da fast nur aus der Haustüre fallen muss. In unserem kleinen Ort hat sich ein Lokal einen sehr guten Namen gemacht, und das über die Grenzen von Landkreis und Stuttgart hinaus. Ich gebe zu, dieses schöne Gasthaus ist kein „veganes" Restaurant. Ich bin der Überzeugung, nur wenn man ein wenig Toleranz zeigt, kann man Fleischesser vielleicht überzeugen und evtl. sogar anstecken, sich auf diese Weise für ein veganes Gericht zu entscheiden.

Auch mir fällt dies nicht leicht, aber darin sehe ich eine Möglichkeit, Freunden und Familie zu zeigen, dass es auch in „normalen" Restaurants anders gehen kann, und ohne viel Worte bei einem gemeinsamen Essen Überzeugungsarbeit zu leisten.

„Schürers Tafelhaus" liest mir quasi meine Wünsche von den Lippen ab. Eigentlich noch besser, ich lasse mich einfach überraschen.

Egal, ob als Mittagstisch oder doch mal bei einem Drei-Gänge-Menü, bekomme ich vegane Gerichte, welche mir das Wasser im Mund zusammenlaufen lassen. Und ganz ehrlich, danach gehe ich überglücklich mit einem breiten Grinsen im Gesicht aus dem Lokal und freue mich auf das nächste Mal.

Darüber hinaus hole ich mir immer wieder neue Inspirationen, wenn ich diese wundervollen Gerichte genieße. Wer weiß, vielleicht essen eure Freunde oder Familie dann auch mal mehr vegan, wenn sie sehen, welche Köstlichkeiten sich auf eurem Teller befinden.

Auch für Lars Schürer ist der Backnanger Wochenmarkt für seine Einkäufe und für eine gute Küche wichtig, denn frischer geht es natürlich nicht.

Frische, so sagt er selbst, ist für uns das Wichtigste. Regionale Küche heißt für ihn und sein Team auch regional

und nicht aus ganz Deutschland. Deshalb hat sich „Schürers Tafelhaus" entschieden, eng mit Bauern und Erzeugern aus der Region rund um unseren kleinen Ort zusammenzuarbeiten, die Gemüse in Top-Bio-Qualität u. a. auch eigens fürs Restaurant anbauen.

Schürers Tafelhaus ist kein „veganes Restaurant" Natürlich respektiere ich es, wenn Freunde oder Familie sich nicht alle vegan ernähren wollen, obgleich es mich natürlich sehr freuen würde! Daher ist dies der Ort, an dem für jeden Gaumen etwas zu finden ist. Mein größter Wunsch wäre, wenn alle Restaurants umdenken und auch Gerichte der vegetarischen und vor allem veganen Küche anbieten. Dann sind wir endlich einen kleinen Schritt weiter.

2001 mit gerade mal 21 Jahren ging Lars Schürer mit seiner Frau Yvonne seinen eigenen Weg in die Selbständigkeit und sie führen mit ihrem Team mit Liebe und darauf bedacht, jedem Gast seine Wünsche zu erfüllen, ein sehr schönes Restaurant, welches sich in einem alten Fachwerkhaus befindet.

Damit soll es aber nicht genug sein, Lars Schürer hat sich auch einen weiteren Traum erfüllt und eine Kochschule eröffnet, die sich direkt neben dem Lokal befindet. „Sinnreich" für individuelle Kochkurse, bei denen die Freude am Genuss im Vordergrund steht. Kulinarische, individuelle Kochkurse können hier eure Herzen erfreuen. Mehr Informationen findet ihr unter meiner Empfehlungsliste. Bei meinen Gerichten findet ihr ab und an auch seine selbstkreierten Gewürzmischungen, die ihr natürlich im Restaurant kaufen könnt.

Wer weiß, vielleicht treffen wir uns ja mal in „Schürers Tafelhaus"?

Meine Empfehlungsliste für euch:

Diese Empfehlungen findet ihr immer wieder in meinen Rezepten. Natürlich möchte ich euch nicht vorenthalten, wo ihr sie euch beschaffen könnt. Alle Produkte zeichnen sich durch ihre herausragende BIO-Qualität aus.

Die Firma „Nagel natürlich vegan" wurde 1984 in Hamburg gegründet. Damals war dies noch eine schwierige Aufgabe. Doch Christian und Andrea Nagel haben es sich zur Aufgabe gemacht, Tofu und andere rein pflanzliche Premium-Produkte aus Soja und Weizeneiweiß herzustellen. Dabei achten sie besonders auf die Qualität. Auch hier handelt es sich um ein reines Bioprodukt, welches in einer modernen Manufaktur im Unesco-Welterbegebiet Oberes Mittelrheintal hergestellt wird. Die Produktionsstätte verfügt über eine eigene Quelle mit außerordentlich hochwertigem, reinem Wasser, das den Produkten von „Nagel" eine besondere Qualität gibt. Mittlerweile gibt es an die 40 Premium-Spezialitäten, welche ebenso gut schmecken. Probiert euch aus.

Erhältlich in gut sortierten Biomärkten sowie unter: *shop.tofunagel.de*

„Der Bärlauchbauer" Axel Kaiser ist bereits zum zweiten Mal (Juli 2014) zum „kulinarischen Botschafter von Niedersachsen" ausgezeichnet worden. Es geht bei der Auszeichnung um authentische, verantwortungsvoll hergestellte Lebensmittel. Eine Fachjury aus Spitzenköchen und Feinkostexperten hatte die Wahl aus über 350 Unternehmen.

Der Bärlauch ist z. B. im 100-g-Beutel oder auch in der Aromadose erhältlich. Bei durchschnittlichem Verbrauch ausreichend für mindestens vier Monate (Haltbarkeitsdatum ca. zwei Jahre bei vollem Aroma).

Online erhältlich unter: *www.der-baerlauchbauer.de*

BioPlanete stellt seit nunmehr 30 Jahren feinste kaltgepresste Öle aus der Mühle her. Dabei spielt Bio & Fair eine absolut wichtige Rolle. Ein Beitrag zur nachhaltigen Entwicklung von biologischen Rohstoffen aus fairem Handel aus den unterschiedlichsten Regionen der Welt. Eine Herstellung mit größter Sorgfalt aus kontrolliert biologischem Anbau und Qualitätssicherung zeichnet diese Vielfalt an hochwertigen Ölen aus. Warum Pflanzenöle so wichtig sind, könnt ihr auf der Homepage von BioPlanete unter der Kategorie „Wissenswert" noch einmal genauer nachlesen.

BioPlanete-Produkte sind erhältlich u. a. in vielen Biomärkten, aber auch online unter: *www.bioplanete.com/onlineshop*

Die Marke „Alte Brennerei" steht seit über 20 Jahren für die Wahrung und Verbesserung alter Rezepte sowie die Kreation innovativer Produkte. Die sorgfältig handverlesenen Früchte der Region machen die Produkte einzigartig und unverwechselbar. Qualität aus Tradition:

Aus alten Rezepten und Herstellungsverfahren entwickelt die Alte Brennerei edle Brände, feine Liköre, Marmeladen und köstliche Dips & Saucen sowie exklusive Geschenkideen. Das erfolgreiche Konzept wurde stetig weiterentwickelt und hat expandiert und bereits insgesamt acht Filialen im süddeutschen Raum ermöglicht. Um das hohe Niveau gleichbleibender Qualität zu gewährleisten, arbeitet die Alte Brennerei nur mit auserwählten und namhaften Obstbauern und Herstellern zusammen. An dieser Stelle möchte ich darauf hinweisen, dass nicht alle Produkte rein „vegan" sind. Die Essigsorten/Produkte, die ich in meinen Rezepten verwendet habe, wurden mir als vegan garantiert. Auch hier findet ihr noch eine andere Auswahl an Köstlichkeiten. Die Firma „Alte Brennerei" gibt euch jedoch auf Anfrage bereitwillig Auskunft Diese findet ihr, wenn keine Filiale in eurer Nähe ist, auf der Homepage unter: *shop.altebrennerei.com*

„Aiya Matcha" ist die aufregendste Wiederentdeckung der Teewelt des 21. Jahrhunderts. Matcha wurde vor über 800 Jahren von buddhistischen Mönchen als Meditationsgetränk erschaffen und gilt heute als hochwertigste und seltenste Teesorte Japans. So wie alle Teesorten weltweit gibt es auch bei Matcha unterschiedliche Qualitätsstufen. Die Qualität des Matcha-

Tees hängt von der Qualität des Ausgangsproduktes, des Tencha-Tees ab. Je nach Anbauregion, Lage und Höhe (Ebene, Bergregion, Hügelland), Spezialisierung der Teebauern und Sorte der Teepflanze erzielt man unterschiedliche Güteklassen von Tencha-Tee. In Steinmühlen vermahlen, ergeben diese unterschiedliche Matcha-Qualitäten. Es gibt drei Hauptkriterien zur Unterscheidung der Qualitäten: Aroma, Aussehen und Inhaltsstoffe. Ihr könnt diese wundervolle, energiegeladene Teeart beim Kochen, für Süßspeisen und jegliche Variation von Getränken verwenden.

Noch mehr Informationen bekommt ihr unter: *www.aiya-europe.com/de/matcha* und zu kaufen bei: *www.teegschwendner.de/tee/MatchaTee*

Von „Schürers Tafelhaus" habe ich ja schon einiges berichtet. Wer vielleicht das Glück hat in der Nähe zu wohnen oder mal einen Ausflug in unseren beschaulichen Ort machen möchte, könnte hier ja Rast machen. Oder vielleicht doch ein veganer oder vegetarischer Kochkurs? Lars Schürer ist für alles offen. Nochmals zur Erinnerung. Auch wenn dies kein veganes Restaurant ist und ihr keine rein veganen Speisen auf den Karten findet, es gibt sie IMMER! Sie werden ganz nach euren Bedürfnissen kreiert. Also keine Scheu, er wird euch positiv mit seinen Kochkünsten überraschen und verwöhnen. *www.restaurant-tafelhaus.de* und *http://www.sinnreich.tv*

Wenn jemand von euch vielleicht sogar ganz in meiner Nähe wohnt, dem kann ich diesen „Gärtnerhof von Heike Bäßler" im Auenwald ans Herz legen. Einmal die Woche findet ihr ihren Stand auch auf dem Backnanger Wochenmarkt. Jeder kann sich bei ihr auf dem Hof von der Frische und Vielfalt an Gemüse, Kräutern und Obst überzeugen. Dass sie ihr Gemüse liebt, versteht sich von selbst. Denn seit vielen Jahrzehnten wird hier auf Bio-Gemüse mit großer Qualität Wert gelegt. Kartoffeln, die noch nach Kartoffeln schmecken, Karotten, wie sie Bunny liebt, über alle Kohlarten, die das Herz begehrt, zu jeder Saison ist das passende Gemüse dabei. Euch einen Überblick verschaffen könnt ihr auf ihrer Homepage: www.gaertnerhof-baessler.npage.de/

Nun möchte ich euch auch noch einen kleinen Freund unserer Familie vorstellen. „Mr. Longear". Mr. Longear ist ein absoluter Naschhase! Er freut sich, wenn ihr ihn auf Facebook besuchen kommt und er euch einen kleinen Einblick in sein geliebtes veganes Leben geben kann, welches sehr abwechslungsreich, sportlich und vielfältig ist. Viele Restauranttipps und tolle Neuigkeiten entdeckt der kleine Hase auf seinen Entdeckungsreisen. Er lebt bei meiner Tochter Alice und ihrem geliebten Tierschutzhund, seinem besten Kumpel „Mylo".

Besucht ihn doch mal auf:
www.facebook.com/mrlongear

Ich bedanke mich bei den genannten Firmen für die freundliche Zusammenarbeit und für die Zurverfügungstellung ihrer Logos und Fotos.

Vielleicht habe ich den einen oder anderen von euch jetzt angesteckt, die „vegane Küche" mal aus einem anderen Blickwinkel zu betrachten, und ihr könnt eure Gerichte zu Hause appetitlich und vitaminreich ergänzen oder euch ja sogar ganz auf eine vegane Ernährung einlassen.

Wie es mir HEUTE geht, möchte ich nicht unerwähnt lassen. Wieder sind einige Monate vergangen, während ich dieses Buch schrieb. Ich fühle mich immer besser. Immer weniger hat der Schmerz mich in seinen Händen. Ich spüre, wie neue Kräfte langsam zurückkehren, mein Kopf wieder klarer denken kann und alte Ängste, die mir mein Leben schwer gemacht haben, langsam im Nebel verschwinden. Mir macht es wieder Spaß vor die Tür zu gehen. Spaziergänge mit meinen Hunden sind eine willkommene Abwechslung. Heute habe ich keine Bedenken mehr, dass ich evtl. ein Treffen mit Freunden oder Familie nicht durchhalte. Im Gegenteil. Ab und an kann ich wieder mal ein Gläschen Wein im Kreise meiner Lieben genießen, denn ich nehme ja keine Tabletten mehr.

Aktivitäten machen mir wieder richtig Freude und dabei weiß ich, dass ich auf die Zeichen, die mir mein Körper sendet, hören muss. Denn das ist es, was es ausmacht, dass ich wieder fitter bin, mich wohler fühle und lang nicht mehr so krank. Ich habe mit meinem Körper Freundschaft geschlossen und nehme an, was mich früher kaputt gemacht hat. Wie glücklich ich darüber bin, dem kann ich kaum Ausdruck verleihen.

Sicher ist es für einige oder gar viele von euch unvorstellbar, aber Fakt ist, nur durch meine Einstellung und meine Ernährungsumstellung habe ich es geschafft, dass ich heute wieder neuen Lebensmut gefunden habe.

Zum Abschluss meines Buches habe ich noch eine Bitte an euch. Schließt dieses Buch bitte noch nicht und erfüllt mir diesen Wunsch, meine Worte bis zu Ende zu lesen, denn:

Der erste Schritt im Leben eines Kleinkindes sieht am Anfang immer etwas holprig aus. Wenn es jedoch dann erst einmal seine ersten Schritte getan hat, möchte es gar nicht mehr aufhören zu laufen und möchte die Welt entdecken. Es lässt sich von nichts und niemandem mehr aufhalten. Macht es doch genauso. Tastet euch hinein, um euch dann „im veganen Schlemmerhimmel" auszutoben! Und lasst euch von niemandem beirren, denn es ist euer Weg, in dem diese Welt so herrlich bunt, vielfältig, frisch, facettenreich und vor allem gesund ist.

Wenn ich euch nun noch bitte, einen Blick hinter die Kulissen zu werfen, um euch ein eigenes Bild zu machen und eure Überzeugung zu stärken, könnt ihr dies tun, indem ihr z. B. auf der Seite von:

PETA nachlesen könnt, warum es so wichtig ist, denn: „PETA" setzt sich schwerpunktmäßig in den Bereichen der Gesellschaft ein, in denen besonders viele Tiere besonders stark und besonders lang leiden, und vertritt damit das Motto:

„Tiere sind nicht dafür da, dass wir an ihnen experimentieren, sie anziehen, sie ausbeuten und misshandeln, dass sie uns wie ein Clown im Zirkus unterhalten und wir sie am Ende sogar noch essen."

Schaut selbst und seht unter: *www.peta.de* und auf Facebook PETA Deutschland.

Natürlich gibt es nicht nur Schreckensnachrichten, sondern auch schöne Geschichten, wie Tieren geholfen oder sie sogar befreit wurden.

Es ist mir natürlich nicht neu, dass es schwerfällt, sich Dinge anzusehen, die nicht angenehm sind. Auch ich habe meinen inneren „Schweinehund" überwinden müssen und habe mich mit diesem Thema stark auseinandergesetzt. Aber auf diese Weise entdeckt ihr vielleicht auch mehr Empathie, und zwar nicht nur für bekannte Haustiere wie Hund, Katze, Meerschwein & Co.

Lest und seht, was für „traurige", aber einzigartige Lebewesen mit ebenso starken Gefühlen, wie wir sie als Menschen besitzen, tagtäglich u. a. auf den Tellern landen. Schaut bitte nicht weg, seht genauer hin, so z. B. auch bei:

"Animal Equality Germany ist eine gemeinnützige Organisation, die durch Recherchen und Kampagnen Bewusstsein für das Leiden der Tiere in unserer Gesellschaft schafft und sich für eine Welt einsetzt, in der die Bedürfnisse aller Tiere Berücksichtigung erfahren."

Informationen findet ihr unter: *www.animalequality.de* und auf Facebook Animal Equality Germany.

Lasst eure Herzen sprechen. DANKE.

An meine Familie und Freundin

Noch ein paar letzte Worte, die ich an meine Familie, meine Töchter, meinen Mann und dessen Sohn und meine Freundin richte.

DANKE, dass ihr in der Zeit, als ich schon alles hinschmeißen wollte, als ich das Gefühl hatte, „nichts geht mehr", an meiner Seite wart. Danke dafür, dass ihr mir Mut gemacht habt, mir zugehört habt, auch wenn es nicht leicht war, denn wenn man gesund ist, ist es schwer zu verstehen, wovon der andere redet. Danke aber auch dafür, wenn ihr mich auch mal zusammengestaucht habt, wenn ich keine Hoffnung mehr sehen wollte.

Danke an meine drei Töchter, Alice, Melanie, Janine, die leider durch meine vielen gesundheitlichen Probleme schon einiges in ihrem jungen Leben mit mir mitmachen mussten, was ich ihnen zu gern erspart hätte. Trotz allem haben sie alle ihren eigenen Weg gefunden und sind in ihrem privaten wie beruflichen Werdegang sehr erfolgreich. Ich bin so unglaublich stolz auf euch und ich liebe euch so sehr. Ihr seid immer in meinem Herzen.

Danke an meinen geliebten Ehemann Stefan, der geduldig als noch nicht ganz hundertprozentiger „Veganer" meine Gerichte gegessen hat und sie immer als sehr lecker, schmackhaft und delikat befunden hat. Der mich mit viel Lob überschüttet hat und nie jammerte, weil es ihm wohl an nichts fehlte. Der aber auch während der Zeit des Schreibens sich fast ausschließlich um unsere drei Hunde kümmerte, wenn es mir wieder in den Fingern juckte, um zu schreiben, und ich in die Küche eilte, um zu kochen. Der mir treu in Sonne und Regen zur Seite steht und tatsächlich in guten wie in schlechten Zeiten bei mir ist und war.

Danke an meine liebe Mutti, die ihr Leben lang als allein erziehende Frau so hart gearbeitet hat, um mir trotzdem viel zu bieten. Die mir gezeigt hat, dass man in manchen Lebenssituationen den Kopf nicht in den Sand stecken darf, und heute wie damals eine liebenswerte Mutti und Omi ist.

Danke an meine geliebten Großeltern, Edith und Ernst Fernengel, denen ich auch dieses Buch widme. Die schon so viele Jahre nicht mehr bei mir und unter uns sind, aber die ich tief in meinem Herzen trage! Die mir so viele wundervolle Erlebnisse in meiner Kindheit und Jugend mit auf den Weg gegeben haben und mir wunderschöne Kindheitserinnerungen schenkten. Gedanklich seid ihr täglich bei mir und ich weiß eure Weisheiten heute mehr zu schätzen denn je.

Danke an Dennis, den Sohn meines Mannes, der mir seine gute Kamera zur Verfügung gestellt hat, mit der ich die Fotos für mein Buch machen konnte, und meine Gerichte, die ich koche, so sehr mag.
Du bist ein mega Kumpel und „Stief-"Sohn.

Danke an meine liebe Freundin Jeanette, die mich motiviert hat und an mich glaubt, dass ich es schaffen konnte, diese Zeilen zu Papier zu bringen. Jeder sollte Menschen kennen, die ihn bei seinen Träumen unterstützen.